Transformation verschiedener Wirtschaftssektoren durch Industrie 4.0

–

Wie sich ausgewählte Branchenprofile im Industrial Internet verändern

Markus Lassnig, Sandra Schön, Petra Stabauer, Hannes Selhofer

Dieser Band ist Teil der Schriftenreihe „InnovationLab Arbeitsberichte" des Forschungsbereichs InnovationLab der Salzburg Research Forschungsgesellschaft mbH. Die Schriftenreihe dokumentiert Ergebnisse aus Forschungs- und Innovationsprojekten.

© Salzburg Research Forschungsgesellschaft – September 2017

ISBN   978-3-744872-69-0

Markus Lassnig, Sandra Schön, Petra Stabauer, Hannes Selhofer:

Transformation verschiedener Wirtschaftssektoren durch Industrie 4.0 – Wie sich ausgewählte Branchenprofile im Industrial Internet verändern

Band 5 der Reihe „InnovationLab Arbeitsberichte", herausgegeben vom Forschungsbereich InnovationLab der Salzburg Research Forschungsgesellschaft mbH

Verlag und Herstellung: BoD - Books on Demand, Norderstedt
Umschlaggestaltung: Daniela Gnad, Salzburg Research.

Dieser Band beruht auf Ergebnissen des Projekts „Next Generation Multi-Purpose Production Systems (NGMPPS)", Projektlaufzeit 30 Monate. Das Projekt NGMPPS wurde durch das österreichische Bundesministerium für Verkehr, Innovation und Technologie und das Land Salzburg gefördert.

Bibliografische Information der Deutschen Nationalbibliothek:

Die Deutsche Nationalbibliothek verzeichnet diese Publikation
in der Deutschen Nationalbibliografie; detaillierte bibliografische
Daten sind im Internet über http://dnb.d-nb.de abrufbar.

Inhaltsverzeichnis

Tabellenverzeichnis

ZUSAMMENFASSUNG

Der vorliegende Bericht widmet sich der Frage nach Auswirkungen des Industrial Internet of Things (IIoT) auf Geschäftsmodelle, und zwar auf Branchen-Ebene. Industrial Internet und Industrie 4.0 werden in diesem Zusammenhang synonym verwendet. Der Fokus liegt dabei auf der Anwenderseite – also Unternehmen und Kunden in verschiedenen Branchen, aber nicht in der IT-Branche als Anbieter von IIoT-Lösungen. Angelehnt an das Geschäftsmodell-Konzept von Oliver Gassmann werden jeweils vier Komponenten analysiert: (1) Die Zielkunden, (2) die Produkte/Dienstleistungen, (3) die Prozesse und (4) das Ertragsmodell.

Aus der Literaturauswertung wie auch aus Gesprächen mit Experten wurde klar, dass die Auswirkungen des IIoT meist eher mittelbar sind und eine branchenspezifische Analyse notwendig ist. Am ehesten branchenübergreifende Gültigkeit hat die Aussage, dass die Erwartungshaltung der (End-)Kunden tendenziell steigen wird: Nutzer bzw. Kunden erwarten schlicht, dass Produkte immer smarter werden und betrachten alles aus dem Blickwinkel des Gesamtnutzens – ohne zu unterscheiden, wenn Produkte von verschiedenen Firmen gemeinsam angeboten werden oder wenn Produkte und Dienstleistungen gekoppelt werden.

Dabei ist nicht immer ganz klar, wie das optimale Wertschöpfungsnetzwerk aussieht. In jedem Fall führt das IIoT zu flexibleren Wertschöpfungsketten bzw. -netzen und verstärkt den Trend zu Open Innovation. Auch gewinnen Erträge durch Servicierung in Relation zum Produktverkauf an Bedeutung. Generell eröffnet das IIoT neue Geschäftsfelder und ermöglicht neue Geschäftsmodelle, die je nach Branche jedoch sehr unterschiedlich ausfallen – genau deshalb dieser Bericht mit der Branchenanalyse.

Der vorliegende Bericht versucht die Auswirkungen auf einzelne Branchen teilweise zu quantifizieren und folgendermaßen systematisch einzuordnen:

Erwartete Auswirkungen auf:[1]				
Branche	Produkt (WAS?)	Prozesse (WIE?)	Ertragsmodell (WERT?)	Zielkunden (WER?)
Automobilindustrie	●●●	●●	●●	●
Sportbranche	●●●	●●	●●	●
Einzelhandel	●●	●●●	●●	○

---

[1] ○ = keine / sehr geringe Auswirkungen
● = eher geringe Auswirkungen und auf einzelne Unternehmen beschränkt
●● = teilweise erhebliche Auswirkungen, je nach Segment / Unternehmen
●●● = bedeutende Auswirkungen mit branchenweiten Implikationen

Maschinen- und Anlagenbau	●●●	●●	●●	●
Elektro- und Elektronikindustrie	●●●	●●●	●●	●●
Pharmaindustrie	●●●	●●●	●	●●
Papierindustrie	●	●●	●	○

Tabelle 1: Übersicht Auswirkungen auf Branchen (eigene Darstellung)

Diese grobe quantitative Bewertung wird im Folgenden noch detailliert qualitativ begründet bzw. analysiert. Die Analyse erfolgt für die sieben Branchen Automobilindustrie, Sportbranche, Einzelhandel, Maschinen- und Anlagenbau, Elektro- und Elektronikindustrie, Pharma- sowie Papierindustrie. Diese sieben Branchen wurden als besonders bedeutsam für die österreichische Industrie ausgewählt, weil sie in Österreich gut etabliert sind und sich durch ihre Größe, eine hohe relative Wertschöpfung und/ oder ihren hohen Innovationsgrad auszeichnen. Die wichtigsten Auswirkungen des IIoT lauten hier jeweils:

Die **Automobilindustrie** wird v.a. durch künftige Sharing-Angebote (mit einer langfristigen Entwicklung in Richtung Carsharing mit Free-Floating Flotten) und IIoT-unterstützte Aftersales-Services transformiert. Langfristig birgt die durch das IIoT ermöglichte Entwicklung zu autonom selbstfahrenden Fahrzeugen disruptives Potenzial für die Branche.

In der **Sportbranche** sind die Auswirkungen des IIoT ebenfalls beträchtlich: Sie ermöglichen und forcieren den Trend zum „Quantified Self" und nicht zuletzt durch Wearable Technologies werden Sportprodukte immer smarter, die „Experience" beim Ausüben des Sports immer häufiger „digitally enhanced". Der Innovationsdruck kommt hier primär von sehr hohen Erwartungshaltungen der Endkunden, ist also klar nachfragegetrieben.

Im **Einzelhandel** wird das IIoT die stärksten Auswirkungen auf Geschäftsprozesse haben: Weitere Effizienzsteigerungen für die internen Abläufe im Geschäft wie auch für das Management der Lieferketten werden erwartet. Multichannel-Retailing-Strategien und dynamisches Pricing ermöglichen neue Ertragsmodelle für immer smartere Marktplätze – sowohl physisch wie auch virtuell.

Im **Maschinen- und Anlagenbau** wird der schon bisher bestehende Trend „Mechatronik Everywhere" durch das Industrial Internet of Things auf eine neue Stufe gehoben. Die relevanten Stichworte lauten Assistenzsysteme, Condition Monitoring, Remote Services, Instandhaltung 4.0 sowie Big Data und Predictive Analysis. Die stärksten Auswirkungen ergeben sich auf die Produkte und Dienste des Maschinen- und Anlagenbaus, was geradezu zu einer Verschmelzung der Informationstechnologie und der Fertigungsindustrie führt. Remote Monitoring von Anlagen ermöglicht sowohl neuartige Serviceleistungen – insbesondere Fernwartung – als auch Einsichten über die Verwendung ihrer Maschinen bei den und durch die Kunden, die die Maschinenbauer bislang nicht hatten. Das ermöglicht nicht zuletzt völlig neue Ertragsmodelle, z.B. die Vermietung von Maschinen auf der Basis von echten geleisteten Maschinenstunden.

Die **Elektro- und Elektronikindustrie** ist vom im Maschinen- und Anlagenbau bestehenden Trend „Mechatronik Everywhere" ebenfalls betroffen. Generell gibt es eine Verschmelzung der Elektro- und Elektronikindustrie mit anderen Branchen. Abgesehen vom Maschinenbau ist das speziell die Automobilbranche. Elektronik wird generell als „Enabling Technology" für Industrie 4.0 in anderen Sektoren bezeichnet – speziell im Hinblick auf Mikro- und Nanoelektronik. Die hohe Relevanz der Branche für das Industrial Internet of Things basiert auf der zunehmenden Anzahl und steigenden Komplexität elektronischer Bauteile in unterschiedlichsten Endprodukten. Das Wertschöpfungspotenzial für die Branche ist dabei enorm, da die Elektro- und Elektronikindustrie sowohl als Ausrüster und Produzent als auch als Anwender von IIoT-Lösungen agiert.

Das Industrial Internet of Things hat das Potenzial, die **Pharmaindustrie** zu revolutionieren – allerdings langfristig. Mittelfristig wird das IIoT vor allem die Logistik und das Supply Chain Management in der Pharmabranche verändern – im Sinne von Track and Trace vom Pharmaprodukten. Die Nutzung von Big Data hat starken Einfluss auf F&E-Prozesse in der Pharmaindustrie, sowohl was die Entwicklung neuer Medikamente betrifft als auch die Kontrolle der Anwendung bestehender Medikamente in Echtzeit, beispielsweise mittels Körpersensoren, die besser angepasste Therapien ermöglichen. Schlussendlich ermöglicht das Industrial Internet of Things die Erstellung personalisierter, individualisierter Arzneimittel – die mitunter sogar in 3D-Druckern in Apotheken fabriziert werden könnten.

Von den sieben untersuchten Branchen ist die **Papierindustrie** jene Branche, auf die das Industrial Internet of Things die geringsten Auswirkungen haben wird, einfach, weil das Produkt selbst – Papier, Karton und Zellstoff – tendenziell IT-fern ist. Es sind keine revolutionär neuen Produkte und Services mit IIoT-Bezug absehbar, auch das Ertragsmodell dürfte sich mittelfristig nur gering ändern, die Zielkunden dürften sich überhaupt nicht gravierend ändern. Einzig Prozesse in der Papierproduktion können durch IIoT-Technologien optimiert werden.

AUSWIRKUNGEN DES INDUSTRIAL INTERNET OF THINGS AUF AUSGEWÄHLTE BRANCHEN

Definition des Industrial Internet of Things

Das Internet of Things (IoT) ist eine „dynamic global network infrastructure with self-configuring capabilities based on standard and interoperable communication protocols where physical and virtual "things" have identities, physical attributes and virtual personalities and use intelligent interfaces and are seamlessly integrated into the information network" (European Commission, DG Connect 2016).

Das Industrial Internet of Things (IIoT) bezeichnet die Anwendung von IoT Technologien in Gewerbe und Industrie.

1 Analyseansatz

1.1 Zentrale Fragestellungen

Unsere Analysen befassen sich mit folgenden zentralen Fragestellungen:

- Welchen Einfluss hat das Industrial Internet of Things auf Geschäftsmodelle von Unternehmen in verschiedenen Branchen?
- Welche Anforderungen zur Innovation von Geschäftsmodellen kommen auf Unternehmen möglicherweise zu?
- Welche Chancen und Risiken resultieren daraus für Unternehmen? Wie können die Unternehmen die sich ergebenden Chancen bestmöglich nutzen bzw. die Risiken abfedern?
- Wie können Unternehmen z.B. mit ihren Innovationsstrategien auf die neuen Herausforderungen reagieren?

An dieser Stelle möchten wir auf einige Aspekte für die Konzeption bzw. Abgrenzung der Studie sowie Begriffsdefinitionen hinweisen, die wichtig sind, um die getroffenen Aussagen richtig einordnen zu können.

1.2 Zwei Ebenen der Analyse

Eine gewisse Komplexität ergibt sich daraus, dass unsere Analyse sich auf zwei Ebenen („Units of Observation") bezieht:

(i)   einzelne Unternehmen quer durch verschiedene Branchen und
(ii)   die Branchenebene.

10

Dies resultiert aus einem Vorgehen, das sich als kombinierter Ansatz aus induktivem und deduktivem Verfahren darstellen lässt. Zum einen haben wir aus der Beobachtung von Einzelbeispielen (Unternehmensebene) Schlussfolgerungen für mögliche (allgemeine) Auswirkungen für die jeweilige Branche gezogen. Wir sind uns dabei bewusst, dass eine Gefahr besteht, einzelnen Beispielen irrtümlich Repräsentativität zuzuschreiben. Die Einordnung, wie repräsentativ und damit aussagekräftig Fallstudien und andere Einzelbeobachtungen sind, ist ein immanentes methodisches Problem (wenn keine Möglichkeit besteht, einen empirischen Nachweis z.B. durch eine begleitende Befragung erbringen zu können). Wir ziehen deshalb parallel zur Einzelfallbetrachtung auch Studien heran, die eher auf der Meso-Ebene ansetzen, also bestimmte Branchen oder bestimmte Anwendungsumgebungen untersuchen.[2] Aus diesen Analysen haben wir – in umgekehrter Richtung – Rückschlüsse auf mögliche Implikationen z.B. für bestehende Geschäftsmodelle von Unternehmen in bestimmten Branchen gezogen. Der vorliegende Report (Band 5) „Transformation verschiedener Wirtschaftssektoren durch Industrie 4.0" widmet sich der Analyse auf Branchenebene und ist damit komplementär zum vorhergehenden Report (Band 4) „Geschäftsmodellinnovation durch Industrie 4.0", welches sich der Analyse auf Unternehmensebene widmet.

1.3 Branchenfokus

Wir konzentrieren uns in der Analyse auf sieben ausgewählte Branchen, die für die österreichische Industrie besonders wichtig sind; darunter sind:

- Branchen, die schlicht aufgrund ihrer Größe (Zahl der Beschäftigten) enorme Bedeutung haben (z.B. Handel);
- Branchen, die sich durch ihre hohe relative Wertschöpfung und / oder ihren hohen Innovationsgrad auszeichnen und in Österreich gut etabliert sind (z.B. Maschinenbau, Automobilindustrie, Sport- und Freizeitwirtschaft, Elektro- und Elektronikindustrie);

ÖNACE	Branche	Beschäftigte	Bruttowert- schöpfung (Mio. €)	in % der gesamten Wertschöpfung
C29	Automobilindustrie	30.883	3.222	1,7 %
C32.3	Sportbranche	3.032	197	0,1 %
G47	Einzelhandel	363.805	12.609	6,8 %
C28	Maschinen- und Anlagenbau	80.080	6.917	3,7 %

---

[2] siehe z.B. die McKinsey-Studie „The Internet of Things: Mapping the value beyond the hype", die Auswirkungen des IoT in bestimmten Kontexten wie „Heim", „Fahrzeug" oder „Fabrik" untersucht (McKinsey Global Institute 2015).

C27	Elektro- und Elektronikindustrie	45.096	3.927	2,1 %
C21	Pharmaindustrie	13.591	1.851	1,0 %
C17	Papierindustrie (inkl. Karton und Zellstoff)	16.901	1.776	1,0 %

Tabelle 2: Branchen im Fokus der Analyse (Quelle: Statistik Austria, 2015)

1.4 Einschätzung der Auswirkungen auf einzelne Branchen

Wie in Band 4 der InnovationLab Arbeitsberichte „Geschäftsmodellinnovationen durch Industrie 4.0" ausführlich dargestellt, sind branchenübergreifende Analysen nur beschränkt möglich, weil sich die Kundensegmente zu stark unterscheiden und somit auch die allfällige Dynamik kaum vergleichbar ist. Der vorliegende Report (Band 5) „Transformation verschiedener Wirtschaftssektoren durch Industrie 4.0" liefert genau diese Analyse auf Branchenebene. Die folgende Tabelle 3 gibt einen Überblick der erwarteten Auswirkungen auf die sieben untersuchten Branchen in Österreich. Die Details zu den Auswirkungen in den einzelnen Branchen finden sich in den folgenden Kapiteln.

Erwartete Auswirkungen auf:[3]				
Branche	Produkt (WAS?)	Prozesse (WIE?)	Ertragsmodell (WERT?)	Zielkunden (WER?)
Automobilindustrie	●●●	●●	●●	●
Sportbranche	●●●	●●	●●	●
Einzelhandel	●●	●●●	●●	○
Maschinen- und Anlagenbau	●●●	●●	●●	●
Elektro- und Elektronikindustrie	●●●	●●●	●●	●●
Pharmaindustrie	●●●	●●●	●	●●
Papierindustrie	●	●●	●	○

Tabelle 3: Erwartete Auswirkungen auf einzelne Branchen (eigene Darstellung)

---

[3] ○ = keine / sehr geringe Auswirkungen
● = eher geringe Auswirkungen und auf einzelne Unternehmen beschränkt
●● = teilweise erhebliche Auswirkungen, je nach Segment / Unternehmen
●●● = bedeutende Auswirkungen mit branchenweiten Implikationen

2   HoT- Branchenprofile

2.1 Automobilindustrie

2.1.1   Profil des Sektors

Österreichs Autoindustrie verfügt zwar über keine Komplett-Autohersteller mit eigener Marke, jedoch über eine sehr wichtige und tragfähige Automobil-Zulieferindustrie. Vorwiegend handelt es sich dabei um mittelständische Unternehmen mit einem extrem hohen Exportanteil von über 90 Prozent. Der Automobilsektor zählt in den letzten Jahren zu den wenigen wachsenden Industriezweigen in Österreich, v.a. aufgrund der international guten Wettbewerbsfähigkeit, speziell Anfang der 2000er-Jahre. Wichtige Abnehmer der österreichischen Zulieferbetriebe sind vor allem deutsche Autobauer, u.a. Daimler, BMW, Volkswagen und Audi. Der Absatzanteil nach Deutschland beträgt etwa 45 Prozent. Der Automobilsektor erwirtschaftet rund 10 Prozent der österreichischen Wirtschaftsleistung. Eine Studie von Fraunhofer Austria aus dem Jahr 2013 kommt zu dem Ergebnis, dass die gute Wettbewerbsfähigkeit Anfang der 2000er Jahre leider nicht gehalten werden konnte. Vor allem hat der österreichische Automobilsektor den Anschluss an den Haupthandelspartner Deutschland verloren. Die Exporte stagnieren unter dem Niveau der Krisenjahre 2008/2009. Mit einem weiter stark steigenden Wettbewerbsdruck wird gerechnet (vgl. Fraunhofer Austria, 2013).

2.1.2   Trends

Wir sehen vor allem folgende wichtige, segmentübergreifende Trends für die Automobilwirtschaft:

Autos werden zu massiven Datensammlern: In den letzten Jahrzehnten haben immer mehr elektronische Komponenten Einzug in Fahrzeuge gehalten. Traditionellerweise rein mechanische Steuerungen werden mittlerweile größtenteils elektronisch bewerkstelligt, z.B. das elektronische Gaspedal oder ESP – das elektronische Stabilitätsprogramm im Antrieb. Zusätzlich zu den im Fahrzeug im Fahrbetrieb intern anfallenden Daten (von der digitalen Motorsteuerung bis zum Antiblockiersystem der Bremsen) kommt noch eine Flut an Daten für bzw. über die Interaktion des Fahrzeuges mit seiner Umwelt dazu, z.B. aus Navigationssystemen. Wurden Daten aus dem Fahrzeug anfangs nur beim jährlichen Service in der Autowerkstätte für technische Kontrollzwecke ausgelesen, werden mittlerweile immer häufiger permanente Rückkanäle (zum Autohersteller oder zum Anbieter von Navigationssystemen) vor allem über Mobilfunk geschaffen. Da diese Daten nicht nur von wenigen einzelnen Fahrzeugen gesendet werden, sondern von Millionen an Autos auf unseren Straßen, handelt es sich dabei um einen Paradefall für eine sogenannte Big Data Anwendung. Die Potenziale für künftige Anwendungen basierend auf diesen Big Data sind mannigfaltig, speziell, wenn man die von Fahrzeugen gelieferten Daten mit Daten von Straßeninfrastrukturbetreibern kombiniert (oder gar von

Fahrzeugversicherungen).

Bzgl. Datenschutz läuft hier momentan viel in einer Grauzone und die rechtliche Diskussion pendelt zwischen zwei Polen: Vor allem die Autobauer sichern sich in den Kauf- oder Leasingverträgen der Fahrzeuge sämtliche Rechte an den generierten Daten – mit der zentralen Argumentation, dass es sich dabei um rein technische Daten generiert durch die von ihnen gebauten Autos handelt – während Automobilverbände volle Rechte an den Fahrzeugdaten für die Fahrer fordern – mit der zentralen Argumentation, dass es sich dabei de-facto um personenbezogene Daten handelt, die somit einem wesentlich strengeren Datenschutz unterliegen müssen.

Leasing und ähnliche Nutzungsmodelle überflügeln Autokäufe: Der klassische Verkauf von Neuwägen ist ein seit Jahren stagnierendes Geschäft. Trotz beständig steigender Gesamt-Zulassungszahlen von Fahrzeugen ist der österreichische Autohandel (speziell seit den Krisenjahren 2008/2009) kein Wachstumssektor. Gewinne werden vor allem über Leasingverträge generiert, wo die Kunden de facto zu Mietern und nicht mehr zu Eigentümern der Fahrzeuge werden. Dabei boomen Leasingverträge am stärksten bei Firmenfahrzeugen, auch durch die steuerlichen Vorteile von Leasing gegenüber Kauf bei Firmen (Stichwort Abschreibungsregeln etc.). Vielfach treten Autohändler damit nicht mehr einfach als Verkäufer auf, sondern vermitteln gleich eine (eigene) Bank (z.B. für Leasing) und die zugehörige Autoversicherung. Der Kunde zahlt für die „Dienstleistung Autonutzung", häufig inklusive Servicevertrag für die notwendige regelmäßige Fahrzeugwartung.

Selbstfahrende Fahrzeuge als langfristiger Entwicklungstrend: Ein großer Teil der in den letzten Jahren in Fahrzeuge integrierten digitalen Komponenten waren Assistenzsysteme zur aktiven Erhöhung der Sicherheit im Straßenverkehr, z.B. Tempomat-Steuerungen in Verbindung mit einer automatischen Abstandsmessung zum vorherfahrenden Fahrzeug inklusive einer automatischen Anpassung der Fahrgeschwindigkeit bis zu automatischen Bremsmanövern.
Der nächste große Wurf in dieser Entwicklung werden vollständig selbstfahrende Fahrzeuge sein – also praktisch Autos mit einem kompletten Autopiloten. Die technische Entwicklung ist hier schon wesentlich weiter als die politische bzw. juristische: Während in abgesperrten Arealen selbstfahrende Fahrzeuge schon mehrfach erfolgreich praktisch eingesetzt wurden, sind sie in der öffentlichen Straßenverkehrsordnung schlicht nicht vorgesehen – was im Falle eines Unfalles zu offenen Haftungsfragen führen würde.

Carsharing in den Kinderschuhen: Der Automobilsektor wird häufig als Parade-Anwendungsfall für die Sharing Economy genannt. Und tatsächlich sind in den letzten Jahren einige Carsharing-Anbieter in den Markt eingestiegen, deren Business Modell ein anderes ist als jenes traditioneller Autoverleiher z.B. für Urlauber. Zentrales Unterscheidungsmerkmal zwischen konkurrierenden Carsharing-Systemen ist, ob es fixe Entlehn- und Rückgabestationen gibt oder ob die Fahrzeugflotte im „free Floating" gemanagt wird. Bei letzterem kann der Carsharing-Nutzer sein Fahrzeug nicht nur an vorgegebenen Stationen übernehmen und retournieren, sondern überall auf öffentlichen Straßen z.B. in einer Stadt einfach am Parkstreifen stehen lassen. Nutzer können kurzfristig über Smartphone-Apps in ihrer Nähe abgestellte Fahrzeuge aus dem Carsharing-Pool des Betreibers lokalisieren und online reservieren. Es erfolgt keine physische Schlüsselübergabe mehr, sondern die Autorisierung zum Öffnen und Starten des Fahrzeuges erfolgt beispielsweise über via App übermittelte Codes.

Der durchschlagende wirtschaftliche Erfolg von Carsharing lässt allerdings noch auf sich warten. Selbst in großen Ballungsgebieten schaffen es Carsharing-Anbieter nicht immer (und wenn, dann nur knapp) kostendeckend zu arbeiten – Roll-out-Pläne für dünner besiedelte Gebiete oder gar ländliche Räume fehlen meist aufgrund mangelnder wirtschaftlicher Machbarkeit.

2.1.3 Veränderungspotenzial durch die Entwicklung zum Industrial Internet of Things

Die Automobilbranche hat beste Voraussetzungen, zu einer Vorzeigebranche für IIoT-Anwendungen zu werden: Die Hersteller haben bereits jahrelange Erfahrung mit verschiedensten Sensoren in den Fahrzeugen und grundlegende Erfordernisse wie Versorgung mit der nötigen Energie und Konnektivität sind bereits gegeben. Angetrieben wird die Entwicklung noch durch einen gewissen Druck aus zwei Richtungen: 1. Verkehrsmanagement im Sinne von Verhinderung von Staus wird durch die kontinuierliche Zunahme der menschlichen Mobilität zu einem immer wichtigeren Thema. 2. Alles, was zur Erhöhung der Verkehrssicherheit beiträgt, ist eindeutig positiv zu sehen – Unterstützer finden sich quer durch Wirtschaft, Gesellschaft und Politik. Nicht zuletzt ist die Automobilbranche eine sehr innovationsgetriebene und speziell mit dem Thema selbstfahrende Fahrzeuge wird ein enormer Sprung vorwärts am Innovationshorizont absehbar.
Auf Anbieterseite ergibt sich eine gravierende Änderung der Konkurrenzsituation durch den Einstieg neuer – speziell digitaler – Player ins Automobilgeschäft. Praktisch manifestiert sich das an Beispielen wie Tesla als neuer Hersteller und Anbieter von ausschließlich Elektrofahrzeugen oder Google und Apple, die beide mit ihrem IT Know-How, z.B. im Bereich des sogenannten Deep Learning, in den Automobilsektor drängen. Klassische Fahrzeughersteller scheinen mitunter hin- und her gerissen zwischen selbst entwickelten IIoT-Lösungen und Kooperationen mit Google, Apple & Co. Ob Elektrofahrzeug, Hybrid oder Verbrennungsmotor – das Industrial Internet of Things kommt in jede Variante von neuen Autos und die Grenzen zwischen Autoherstellern und IT Service Providern verschwimmen (vgl. Bentenrieder et al. 2016).

IIoT hat Einfluss auf …		Begründung der Einschätzung u. Beispiel
Produkte / Dienste	●●●	Fahrzeuge werden seit Jahren immer „smarter": Manche meinen gar, dass digital ausgerüstete Autos das Beste aus zwei Welten verbinden: Die Zuverlässigkeit basierend auf einer jahrzehntelangen Weiterentwicklung der Ingenieurskunst (wie im Maschinenbau) kombiniert mit dem Innovationstempo der IT-Branche – aber eben ohne Software in einem permanenten Beta-Stadium. Konkret bedeutet das: • Die Automobilbranche ist schon seit Jahren sehr „digital-affin". Die Zahl der in einem durchschnittlichen Fahrzeug verbauten Sensoren explodiert geradezu. • In anderen Branchen bestehende Hindernisse wie Probleme mit der Stromversorgung von Sensoren oder mangelnde Konnektivität gibt es im Kraftfahrzeugbereich praktisch nicht. Also beste technische Basis für das IIoT. • Bei aller Technologie ist das Auto doch ein absolutes Lifestyleprodukt. Die Branche verkauft eine User Experience in Mobilität – und die digitale Welt hält hier perfekt Einzug bzw. entspricht recht gut den Kundenerwartungen. • Navigationslösungen werden immer mehr zum Standard und speziell beim langfristigen Trend in Richtung von Elektroantrieb und dem damit notwendigen Akku-Management sind Navigationslösungen nicht nur Nice-to-Have, sondern schlicht ein Muss.
Prozesse	●●	Der Automobilsektor ist traditionell eine extrem arbeitsteilige Branche. Ein durchschnittliches Fahrzeug ist weit davon entfernt, von nur einem Autoproduzenten in einer Fabrik gefertigt worden zu sein, sondern es enthält Komponenten, die von einer international verteilten Vielzahl an Zulieferbetrieben produziert wurden. Gerade für dieses Zusammenspiel einzelner Komponenten und die damit relativ komplexe Qualitätssicherung birgt das IIoT beträchtliches Potenzial. • Bei Garantiefällen wie bei der Qualitätssicherung generell kann der Autohersteller die einzelnen Komponenten im Fahrzeug wesentlich besser „tracken", ihre Herkunft und Chargen eindeutig identifizieren und mitunter ihre Betriebsdaten auslesen und auswerten. • Dynamischere Wartungsintervalle werden möglich, die nicht einfach nur nach Zeitablauf und/oder Kilometerleistung bemessen werden, sondern nach der tatsächlichen Beanspruchung einzelner Teile im Fahrzeug. Im Sinne des Konzeptes von vorhersehender Wartung können (Verschleiß-)Teile zum genau optimalen Zeitpunkt getauscht werden und die Pannenanfälligkeit von Fahrzeugen sollte damit (weiter) sinken. • Erstmals wird ein detailliertes Nutzungs-Tracking entlang dem gesamten Produktlebenszyklus von Fahrzeugen möglich. Autobauer können damit Einsichten über die Art und Weise, wie Kunden ihre Fahrzeuge verwenden, erhalten, die sie bislang nicht haben. Autohersteller werden damit zu massiven Datensammlern und können und müssen dafür Big Data Analyse Know-How aufbauen. Ähnlich wie bei der Big Data Thematik in anderen Branchen ist nicht immer ganz klar, was die Hersteller mit diesen umfangreichen Daten machen werden, wie sie sie überhaupt sinnvoll einsetzen können.

Ertragsmodell	●●	Kurz- bis mittelfristig verändert das IIoT das Ertragsmodell in der Autobranche noch nicht gravierend, da Trends wie Leasing auch ohne IIoT schon seit Jahren dominieren. Langfristig sind aber umfassende Umbrüche möglich durch eine stärkere Verbreitung von Carsharing-Konzepten und ganz besonders durch die Möglichkeiten selbstfahrender Fahrzeuge.
		• Trend zum Verleih oder nur temporärem Besitz statt Kauf (Stichwort „Sharing Economy"). Carsharing-Konzepte bringen aus Sicht der Autohersteller den Nachteil mit sich, dass mit weniger Fahrzeugen mehr Menschen Mobilität erlangen können. Die produzierte und abgesetzte Menge an Fahrzeugen dürfte damit speziell in den am höchsten entwickelten Industrienationen stagnieren oder sogar sinken.
		• Den Nachteilen von Carsharing aus Sicht der Autohersteller stehen allerdings Vorteile aus gesamtgesellschaftlicher/ökologischer Sicht gegenüber. Potenziell kann mit weniger produzierten Fahrzeugen und einer besseren Auslastung der vorhandenen Fahrzeuge manches Mobilitätsproblem gelöst werden. Inwiefern die Lösungen aber „nur" in einer möglichen Entschärfung der Parkplatzprobleme beispielsweise in Innenstädten bestehen oder auch Verkehrsstaus damit eingedämmt werden können, wird sich aber erst zeigen.
		• Wirklich disruptiv wird die Einführung selbstfahrender Fahrzeuge sein. Nicht nur wird damit Carsharing auf einem völlig neuen Niveau möglich, sondern speziell die Taxibranche wird damit obsolet.
		• Ob durch selbstfahrende Fahrzeuge die Zahl an Unfällen wirklich sinkt, wird sich erst zeigen. Potenziell könnten selbstfahrende Fahrzeuge aber massiv zur Verkehrssicherheit beitragen, weil damit klassisch menschliche Fahrfehler hinfällig werden. Aus gesamtgesellschaftlicher bzw. sicherheitstechnischer Sicht wäre das eindeutig positiv, aus Sicht von Autoherstellern und Werkstätten würden Rückgänge von Unfällen aber auch zu konkreten Einnahmeneinbußen führen. Technisch muss allerdings erst praktisch bewiesen werden, dass selbstfahrende Fahrzeuge tatsächlich weniger Unfälle verursachen als von Menschen gesteuerte Autos.
Zielkunden	●	Die Zielkunden der Automobilbranche dürften sich durch IIoT-Entwicklungen nicht allzu gravierend ändern. In einem bestimmten Maß ist jedoch ein Aufbrechen heute teilweise bestehender Gegensätze zwischen Autofahrern einerseits und Benutzern von öffentlichen Verkehrsmitteln andererseits recht wahrscheinlich. Flexiblere Formen von Autobesitz bzw. Nutzungsrechten am Fahrzeug könnten mehr Menschen häufiger multimodal mobil sein lassen, d.h. dass Autobesitzer häufiger auch öffentliche und andere Verkehrsmittel nutzen, während Intensivnutzer von öffentlichen Verkehrsmitteln anlassbezogen eventuell doch auch öfter zu Individualverkehrsteilnehmern werden. Es wird sich erst zeigen, ob die solcherart stärker hybride Kundschaft im Saldo zu mehr oder weniger Kunden für die Autobranche führen wird.

Tabelle 4: Veränderungspotenzial durch die Entwicklung zum Industrial Internet of Things (eigene Darstellung)

2.2 Sportbranche

2.2.1 Profil des Sektors

Die volkswirtschaftliche Bedeutung der Sportbranche in Österreich in Bezug auf Wertschöpfung, Kaufkraft und Beschäftigung wurde lange substantiell unterschätzt. Die Gründe dafür liegen primär in einer Diskrepanz zwischen dem statistisch erfassten Sportsektor und dem allgemeinen Verständnis sportbezogener

Aktivitäten sowie in der Tatsache, dass die Sportwirtschaft (ähnlich dem Tourismus) eine Querschnittsmaterie ist und sich aus einer Vielzahl von einzelnen (Sub-)Branchen zusammensetzt. Die Bruttowertschöpfung des österreichischen Sports beträgt bei enger Definition des Sektors 5,6 Milliarden Euro (das sind 2,55 Prozent der gesamten österreichischen Bruttowertschöpfung) und bei weiter Definition der Sportbranche 16,4 Milliarden Euro (das sind 7,49 Prozent der Bruttowertschöpfung). Auch der Beschäftigungseffekt ist enorm: 3,02 Prozent der österreichischen Erwerbstätigen sind im Sport im engeren Sinn beschäftigt, und 8,72 Prozent in der weiter definierten Sportbranche (vgl. Österreichische Bundes-Sportorganisation 2015). Volkswirtschaftlich sehr bedeutsam ist der Sport als Motor regionaler Entwicklung. Speziell der Bau von Sport-Infrastruktur (besonders im alpinen Raum) trägt massiv zur Wertschöpfung und Beschäftigung bei, Sporttourismus wird als ein Wirtschaftssektor mit hohem Wachstumspotenzial gesehen und nicht zuletzt verursachen Großsportveranstaltungen (wie beispielsweise die UEFA Fußball-Europameisterschaft 2008) einen Infrastruktur- und Planungsschub mit positiven Effekten auf Image und Bekanntheitsgrad der Region und tragen damit zu einer langfristigen Erhöhung der Tourismuszahlen bei (vgl. SportsEconAustria, 2012).

2.2.2 Trends

Wir sehen vor allem folgende wichtige, segmentübergreifende Trends für die Sportwirtschaft:

Trend zum „Quantified Self": Im Kern geht es um Selbsterkenntnis durch Zahlen bzw. genauer gesagt um gezieltes Self-Tracking, um weitreichende Erkenntnisse zur eigenen Person zu erhalten. Welche Werte in welchen Intervallen erhoben und aufgezeichnet werden, hängt immer von der Zielsetzung der Analyse ab. Im Sportbereich werden beispielsweise Dauer der sportlichen Betätigung, Herzfrequenz, Geschwindigkeit, Häufigkeit, Kalorienverbrauch oder Leistungsfähigkeit getrackt. Meist erfolgt das heute über Puls-/Sportuhren oder Smartphone Apps, in Zukunft dürften aber immer mehr Tracking-Funktionen in den Sportgeräten selbst oder in der Sportinfrastruktur stecken, entweder in Form von Sensoren, die dann Daten für andere Anwendungen liefern oder selbst Analysen umsetzen. Die Palette an Tracking-Möglichkeiten reicht vom (semi-)professionellen Sportler mit der zentralen Motivation weiterer Leistungssteigerung bis zum gesundheitsorientierten Menschen, der mit sanften Maßnahmen seine Fitness und Gesundheit steigern möchte (z.B. häufiger Stiegen-Steigen etc.). Der Trend zum Quantified Self verursacht jedenfalls einen starken Innovationsschub in der Sportbranche in Richtung Digitalisierung von Sportprodukten und -services.

Sportprodukte werden smarter, konfigurierbar und sie kommunizieren: Immer mehr Sportprodukte werden „digital-enabled" – sie enthalten Mikrochips mit diversen Sensoren (Accelerometer, Neigungssensoren, GPS- und RFID-Chips

18

etc.). Einerseits erhoffen sich die Sportprodukthersteller dadurch einen Wettbewerbsvorteil im Sinne einer besseren marketingtechnischen Positionierung als Lifestyle-Produkte. Andererseits können solche digitalen Komponenten in Sportgeräten ganz konkret die Qualität ihrer Nutzung erhöhen bzw. ganz neue Produkteigenschaften ermöglichen. Beispielsweise erhalten Outdoor-Sportprodukte mit GPS-Chips Features zur Orientierung und Navigation. Die Displays von Elektrofahrrädern berechnen aufgrund von durchschnittlichen bisherigen Verbrauchswerten die jeweils verbleibende Reichweite des Elektro-Zusatzantriebes. RFID-Chips in Skiern ermöglichen im Zusammenspiel mit Zutrittssystemen zu Skiliften eine eindeutige Identifikation der Skier und damit u.a. einen gewissen Diebstahlschutz. Tennisschläger mit im Griff integrierten Accelerometern und Neigungssensoren zeichnen entsprechende Werte bei jedem einzelnen Schlag auf und können damit dem Tennisspieler eine Rückmeldung geben, wie er seine Schläge und Haltung verbessern kann. Die Federung von Mountainbikes kann je nach Fahrsituation individuell konfiguriert werden. In der vollen Ausprägung kommt damit eine gewisse Intelligenz in die Sportprodukte und diese werden nicht nur manuell konfigurierbar, sondern passen sich vollautomatisch dem Nutzer oder der jeweiligen Situation an. Vielfach schaffen Schnittstellen nach außen die Möglichkeiten zur Kommunikation mit anderen Teilen des Sportequipments (z.B. der Chip im Laufschuh zur Jogging-App am Smartphone), der vorhandenen Infrastruktur (z.B. Skilifte) oder zu (Smartphone-)Apps, die die sportlichen Aktivitäten monitoren (schlussendlich im Sinne des oben angesprochenen „Quantified Self").

Wearable Technologies: Da gerade bei sportlichen Aktivitäten zusätzliche Geräte wie bspw. Brustbänder zur Pulsmessung aus Nutzersicht eher störend sind, eröffnen Digital-Komponenten, die direkt in die Sportbekleidung oder -schuhe implementiert werden, eine wesentlich bessere User Experience. Im Idealfall muss der Nutzer gar nichts mehr extra aktivieren, sondern die digitalen Technologien arbeiten versteckt und mitunter beinahe unbemerkbar direkt in den „Wearables". Technologische Innovationen im Bereich Leiter- und Platinentechnik sowie speziell in der Textilindustrie ermöglichen und treiben diesen Trend zu „Digital Wearables". Zentrale Vorteile aus sportphysiologischer Sicht sind, dass damit Sensoren mit vergleichsweise geringem Aufwand an beinahe allen Stellen des menschlichen Körpers indirekt angebracht werden und Bewegungsabläufe digital auf eine Art und Weise erfassen können, wie es bisher nur sportwissenschaftlichen Instituten in Laborumgebungen möglich war.

Verleih, Servicierung und neue Geschäftsmodelle: Der Trendbegriff „Sharing Economy" ist in der Sportbranche so stark ausgeprägt wie in wenig anderen Sektoren. Speziell Skier, aber auch Fahrräder, und ganz speziell Trendsportprodukte wie Segways u.ä. werden von Sportlern immer häufiger nicht käuflich erworben, sondern für eine beschränkte Nutzungszeit ausgeliehen. Die Vorteile für die Sportler sind die größere Flexibilität bei der Produktauswahl – wie auch der Sportart generell –, der nicht mehr nötige eigene Transport der Sportgeräte sowie die Convenience, sich nicht mehr selbst um die Servicierung kümmern zu müssen. Gleichzeitig ermöglichen Digitalkomponenten in Sportgeräten zum Verleih eine optimale Erfassung der Nutzungsdauer und -intensität (zur besseren Einteilung der Serviceintervalle), einen besseren Diebstahlschutz sowie völlig neuartige Geschäftsmodelle. Beispielsweise wird es möglich, Sportgeräte nicht nur nach der gesamten Verleihdauer zu bepreisen, sondern nach der tatsächlichen Nutzungsintensität.

2.2.3 Veränderungspotenzial durch die Entwicklung zum Industrial Internet of Things

Vor dem Hintergrund dieser Trends könnte das Industrial Internet of Things erheblichen Einfluss auf die Produktgestaltung in der Sportbranche haben, v.a. in Bezug auf eine Erweiterung in Richtung Dienstleistung. Das IIoT bietet dem Sportsektor potenziell bisher nie da gewesene Informationen über die Nutzung bzw. aktive Sportausübung durch Konsumenten. Noch nicht ganz klar ist, inwiefern sich diese Veränderungen auf die Beziehung zwischen den Sportartikelherstellern und dem Sporthandel auswirken werden.

IIoT hat Einfluss auf …		Begründung der Einschätzung u. Beispiele
Produkte / Dienste	●●●	Sportprodukte werden immer „smarter" und immer häufiger mit Dienstleistungen ergänzt, bis zu jenem Punkt, wo aus Kundensicht die Dienstleistung nicht mehr nur ein „Add-on" darstellt, sondern absolut essentiell für die Kundenbeziehung ist: • Sportartikelhersteller waren in der Vergangenheit häufig recht „IKT-fern", sahen ihre Produkte mitunter sogar als Gegenpol zu diversen virtuellen Welten. Diese Position ist mittlerweile nicht mehr haltbar, die Produzenten müssen vor allem aufgrund des Nachfragedrucks ihre Produkte IIoT-enabled ausrüsten bzw. mehr Querverbindungen zwischen der realen Sportwelt und virtuellen (Internet-)Welten schaffen. • Sportler fordern eine höherwertige User Experience ein. Diese ist häufig ohne Digitalkomponenten nicht zu schaffen. • IIoT-Komponenten in Sportprodukten ermöglichen Konfiguratoren, die es wiederum der Sportbranche ermöglichen, dem Trend zur Individualisierung auf Nutzerseite gerecht zu werden.
Prozesse	●●	Beschränkte Auswirkungen auf die klassischen Produktionsprozesse, dafür massive Verschiebungen an der Schnittstelle zum Kunden – v.a. in Richtung Verleih statt Verkauf. Außerdem erhalten Sportartikelhersteller durch IIoT-fähige Produkte erstmals detaillierte Informationen über die Nutzung ihrer Produkte – das ist eine Schnittstelle zum Endnutzer, die es bislang nicht gab und die völlig neue Prozesse ermöglicht: • Nutzer- bzw. Nutzungs-Tracking entlang dem Produktlebenszyklus • Erstmals eine direkte Feedback-Schleife vom Nutzer zum Hersteller möglich • Umsetzung der „Sharing Economy": Verleih statt Verkauf • Smarte bzw. flexible Servicierung ermöglicht durch IIoT-Komponenten im Sportgerät

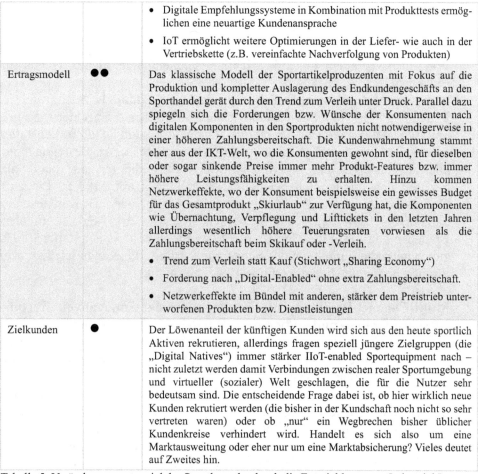

		• Digitale Empfehlungssysteme in Kombination mit Produkttests ermöglichen eine neuartige Kundenansprache • IoT ermöglicht weitere Optimierungen in der Liefer- wie auch in der Vertriebskette (z.B. vereinfachte Nachverfolgung von Produkten)
Ertragsmodell	●●	Das klassische Modell der Sportartikelproduzenten mit Fokus auf die Produktion und kompletter Auslagerung des Endkundengeschäfts an den Sporthandel gerät durch den Trend zum Verleih unter Druck. Parallel dazu spiegeln sich die Forderungen bzw. Wünsche der Konsumenten nach digitalen Komponenten in den Sportprodukten nicht notwendigerweise in einer höheren Zahlungsbereitschaft. Die Kundenwahrnehmung stammt eher aus der IKT-Welt, wo die Konsumenten gewohnt sind, für dieselben oder sogar sinkende Preise immer mehr Produkt-Features bzw. immer höhere Leistungsfähigkeiten zu erhalten. Hinzu kommen Netzwerkeffekte, wo der Konsument beispielsweise ein gewisses Budget für das Gesamtprodukt „Skiurlaub" zur Verfügung hat, die Komponenten wie Übernachtung, Verpflegung und Lifttickets in den letzten Jahren allerdings wesentlich höhere Teuerungsraten vorwiesen als die Zahlungsbereitschaft beim Skikauf oder -Verleih. • Trend zum Verleih statt Kauf (Stichwort „Sharing Economy") • Forderung nach „Digital-Enabled" ohne extra Zahlungsbereitschaft. • Netzwerkeffekte im Bündel mit anderen, stärker dem Preistrieb unterworfenen Produkten bzw. Dienstleistungen
Zielkunden	●	Der Löwenanteil der künftigen Kunden wird sich aus den heute sportlich Aktiven rekrutieren, allerdings fragen speziell jüngere Zielgruppen (die „Digital Natives") immer stärker IIoT-enabled Sportequipment nach – nicht zuletzt werden damit Verbindungen zwischen realer Sportumgebung und virtueller (sozialer) Welt geschlagen, die für die Nutzer sehr bedeutsam sind. Die entscheidende Frage dabei ist, ob hier wirklich neue Kunden rekrutiert werden (die bisher in der Kundschaft noch nicht so sehr vertreten waren) oder ob „nur" ein Wegbrechen bisher üblicher Kundenkreise verhindert wird. Handelt es sich also um eine Marktausweitung oder eher nur um eine Marktabsicherung? Vieles deutet auf Zweites hin.

Tabelle 5: Veränderungspotenzial der Sportbranche durch die Entwicklung zum Industrial Internet of Things (eigene Darstellung)

2.3 Einzelhandel

2.3.1 Profil des Sektors

Mit zirka 40.300 Unternehmen, mehr als 350.000 Beschäftigten und einer Bruttowertschöpfung von etwa 11,7 Milliarden Euro (Statistik Austria, 2012) ist der Einzelhandel (ÖNACE G47) nicht nur ein wichtiger Arbeitgeber, sondern leistet als „Marktplatz" (für eine Vielzahl von Produkten, die über den Handel vertrieben werden) auch eine unersetzliche Funktion für das Funktionieren einer Wirtschaft. Einzelhändler sind überwiegend klein- und mittelbetrieblich strukturiert; zirka zwei Drittel der Beschäftigten arbeiten bei KMU. Die durchschnittlichen Konsumausgaben pro Privathaushalt lagen in Österreich 2013 für Nahrungsmittel bei 4.175 Euro, für Bekleidung und Schuhe bei 2.768 Euro, für Fahrzeuge bei 1.456 Euro und für Getränke bei 1.220 Euro pro Haushalt.[4]

2.3.2 Trends

Wir sehen vor allem folgende wichtige, segmentübergreifende Trends für den Einzelhandel:[5]

Konkurrenz durch starken Zuwachs des Online-Handels. Auch wenn sich die Bedeutung des Online-Handels stark zwischen einzelnen Segmenten unterscheidet, verzeichnet der Online-Handel insgesamt hohe Zuwachsraten. Ein erheblicher Anteil der Umsätze aus in Österreich getätigten Bestellungen dürfte allerdings ins Ausland gehen; eine Kaufkraft-Studie für das Land Salzburg beziffert den Importanteil bei Online-Bestellungen mit zirka 50 Prozent. Der Online-Handel ist laut der Studie inzwischen „zum stärksten Konkurrenten der Salzburger Handelslandschaft geworden" (CIMA, 2015, S. 13). In manchen Branchen (v.a. der Elektronik) besteht das Problem, dass der stationäre Handel zunehmend die Funktion eines Schauraums erfüllt, der Kunde letztlich aber das Produkt beim (günstigeren) Online-Händler erwirbt.

Multi-Channel-Retailing: die Suche nach der innovativen Verbindung zwischen Online- und stationärem Handel. Als Reaktion auf die Konkurrenz durch den Online-Handel entwickeln viele Einzelhändler zurzeit eine eigene Online-Strategie, bei der es vor allem auch darum geht, wie der Online-Handel mit dem stationären Handel so verzahnt werden kann, dass daraus ein wahrnehmbarer Mehrwert für den Kunden (und letztlich auch Wertschöpfung für den Händler) entsteht. Diese Entwicklung ist noch in einer Frühphase – das Industrial Internet of Things könnte über intelligente Produkte hier neue Impulse setzen. Die Bedeutung des Konzepts wird aber je nach Segment stark variieren; es ist noch unklar, welche Sparten sich besonders dafür eignen.

Neue Möglichkeiten im Marketing – personalisierte Kundenansprache Ermöglicht durch die zunehmende Verbreitung von Smartphones ergeben sich neue Möglichkeiten der Ansprache von Kunden auch außerhalb des stationären Handels. Die Personalisierung (und damit Intensivierung) der Kundenansprache ist eines der großen Themen in der Branche – die allerdings auch ein wenig wie die Suche nach dem Stein der Weisen anmutet. Alle sehen hier großes Potenzial, aber noch niemand weiß, wie es zu heben ist. Durch das Industrial Internet of Things könnten sich neue Perspektiven eröffnen. Der Handel erhofft sich damit nicht nur eine bessere Kundenbindung, sondern auch einen starken Reiz für Impulskäufe (Celko & Jánszky, 2014, S. 34).

Der digitale, interaktive Schauraum. Digitale Technologien bieten dem Handel auch ein enormes Innovationspotenzial innerhalb der stationären Geschäfte – das

---

[5] Abgeleitet aus der Literaturanalyse sowie Gesprächen mit Vertretern des Einzelhandels, u.a. der Spar AG und von dm drogerie markt GmbH (aus den Bereichen Marketing, IT und Unternehmenskommunikation)

„Shopping-Erlebnis" kann damit gesteigert werden. Das beginnt bei einfachen Diensten wie der Möglichkeit, in der Verkaufsfiliale online Zugriff auf bestimmte Informationen zu haben, und führt zu visionären Ideen, wie z.B. das passgenaue und auf seine Bedürfnisse abgestimmte Modell für einen Kunden durch moderne Technik direkt im Geschäft zu ermitteln, oder digitale Möglichkeiten der Visualisierung, wie einem Kunden ein bestimmtes Kleidungsstück steht.

2.3.3 Veränderungspotenzial durch die Entwicklung zum Industrial Internet of Things

Vor dem Hintergrund dieser Trends könnte das Industrial Internet of Things erheblichen Einfluss auf das Geschäftsmodell von Einzelhändlern haben, vor allem im Bereich der Prozesse (interne Abläufe, Lieferketten). Es ergeben sich daraus neue Möglichkeiten für das Kundenservice – somit könnte sich die Rolle des Einzelhandels verändern in Richtung einer stärkeren Verzahnung zwischen Online- und Ladenverkauf mit neuen Mehrwertdiensten für die Kunden. Noch völlig offen und kaum vorhersehbar ist, inwieweit diese Veränderungen sich auch auf die Beziehungen zwischen den Händlern und ihren Lieferanten, also den Herstellern der Produkte, auswirken können.

IIoT hat Einfluss auf …		Begründung der Einschätzung u. Beispiele
Produkte / Dienste	●●	Die grundlegende „Dienstleistung" des Einzelhandels ist die eines Marktplatzes, auf dem Hersteller ihre Produkte zum Verkauf anbieten können. Das bleibt auch so – allerdings entstehen neue Zusatzdienste und der Marktplatz selbst wird immer „smarter": • Neue Services / Annehmlichkeiten für den Kunden im Geschäft (z.B. Produktsuche, Hinweis auf Zusatzangebote, rascher Check-out durch automatische Erfassung der Produkte beim Bezahlen). • Neue Zusatzdienste auf Basis von Multichannel-Retailing, z.B. durch automatisierte Nachbestellungen (intelligente Produkte melden, wenn sie zur Neige gehen, und werden auf Knopfdruck geliefert). • Bessere Shopping-Experience im stationären Handel • Personalisierte Kundenansprache, ermöglicht durch bessere, intelligente Kundendaten • Passgenaue Modelle ermitteln durch digitale Technologien (z.B. bei Bekleidung, Sportgeräten)
Prozesse	●●●	Größtes Potenzial für den Einzelhandel – weitere Effizienzsteigerungen sowie Innovationspotenziale sowohl für die internen Abläufe im Geschäft als auch für die Abläufe in der Lieferkette (Supply Chain Integration). Beispiele: • Automatische Erfassung von Regalleerständen • Vereinfachte Preisauszeichnung bis hin zur Möglichkeit dynamischer Preise in Anpassung an bestimmte Parameter • Das IIoT ermöglicht weitere Automatisierungen und Optimierungen in der Lieferkette (z.B. vereinfachte Nachverfolgung von Produkten)

		• Völlige Transparenz über den Warenbestand im Geschäft und im Lager (jederzeit, in Echtzeit) • Bessere Schutzmechanismen vor Diebstahl
Ertragsmodell	●●	Die Zunahme des Online-Handels setzt Einzelhändler unter Druck. Infolge der Einführung eigener Multichannel-Retailing Strategien werden sich auch neue Ertragsmodelle bilden. Zudem ergeben sich neue Möglichkeiten für ein dynamisches Pricing. • Hauszustellungen im Abonnement • Einführung dynamischer Preise in Anpassung an bestimmte Parameter (ähnlich wie heute bereits z.B. bei Flugtickets), u.a. infolge neuer Möglichkeiten durch Big Data Analytics
Zielkunden	○	Insgesamt sind hier kaum (allenfalls unbedeutende) Auswirkungen absehbar. Neue Kundengruppen können eventuell durch Multichannel-Strategien erschlossen werden; hier sehen wir aber nur geringe IIoT-Bezüge (das IIoT kann ein Enabler sein).

Tabelle 6: Veränderungspotenzial des Einzelhandels durch die Entwicklung zum Industrial Internet of Things (eigene Darstellung)

2.4 Maschinen- und Anlagenbau

2.4.1 Profil des Sektors

Der Maschinen- und Anlagenbau ist eine der „produktivsten und wachstumsstärksten Industriebranchen" Österreichs (Bank Austria, 2014): „Österreichs Maschinenbau beschäftigt 77.500 Arbeitnehmer, erlöst 21 Milliarden Euro und trägt 14 Prozent zur Industriewertschöpfung bei, weit mehr als im EU27-Schnitt mit 11 Prozent. Zudem zählen zur Branche noch 14.000 Arbeitsplätze im Bereich Reparaturen und Instandhaltung von Maschinen, ein Segment mit einem Umsatzvolumen von rund 3 Milliarden Euro."

Das bedeutendste österreichische Anlagenbau-Unternehmen ist die Andritz AG mit 5,8 Milliarden Euro Umsatz und fast 3.500 Mitarbeitern weltweit. Zu den weiteren wichtigen Anlagenbauern sind die Ortner GmbH, KNAPP AG, TGW Logistics Group GmbH sowie Christof Holding AG zu zählen, alle mit Jahresumsätzen zwischen 350 und etwas mehr als 500 Millionen Euro (Factory, 2015a). Im Bereich des Maschinenbaus wird z.B. die ENGEL AUSTRIA GmbH mit 1 Milliarde Umsatz weltweit angeführt; weitere bedeutsame Unternehmen sind u.a. die Wittmann Battenfeld Gruppe, TRUMPF Maschinen Austria GmbH & Co. KG, Starlinger & Co. GmbH, sowie EMCO MAIER GmbH (Factory, 2015b). Die Bank Austria (2014) nennt bei den Top-Ten des Österreichischen Maschinenbaus, bezogen auf den (Gruppen-) Umsatz 2012/2013 Andritz, Liebherr Austria, Palfinger, Engel Austria, Doppelmayr, GE Jenbacher, CNH Österreich, Hörbinger Kompressortechnik, Plasser & Theurer sowie die Ortner Gruppe.

Einige der österreichischen Unternehmen im Bereich des Maschinen- und Anlagebaus sind Weltmarktführer. Insgesamt ist der Maschinen- und Anlagenbau

Österreichs klein- bis mittelbetrieblich strukturiert und hat keinen ausgeprägten Schwerpunkt: Er umfasst eine breite Brandbreite, u.a. Zellstoff- und Papiermaschinen, Baumaschinen, Spritzgießmaschinen (bzw. Spritzgussmaschinen), Roboter, Seilbahnen, Gasmotoren, Traktoren, Gebäudetechnik – damit sind die Unternehmen der Branche auch auf unterschiedliche Weise von den Bedingungen des Weltmarktes betroffen. Der Maschinenbau erzielt rund 80 Prozent des Branchenumsatzes im Export (Bank Austria, 2014), gerade die außereuropäischen Absatzmärkte haben dabei laut des Reports von 2014 „wieder die Funktion eines Wirtschaftsmotors für den heimischen Maschinenbau übernommen, vor allem die USA, China und Russland." Erfolgreiche Exportprodukte waren dabei 2014 in den USA Baumaschinen, in China Papiermaschinen und in Russland Nahrungsmittelmaschinen (Bank Austria, 2014). Aufgrund der aktuellen Sanktionen wird das österreichische Ingenieurwesen dabei laut einem OECD-Bericht im internationalen Vergleich mit überdurchschnittlichen Handelshemmnissen belegt (OECD, 2015). Gegenwärtig gibt es im mit der Ölindustrie verbundenen Maschinen- und Anlagenbau aufgrund der außenpolitischen Auseinandersetzung zwischen der EU und der Russischen Föderation und den damit verbundenen Sanktionen Schwierigkeiten, die durch Abfederungsmaßnamen des Bundesministeriums für Wissenschaft, Forschung und Wirtschaft abgemildert werden sollen (bmwfw, 2015). Österreichs Maschinenbau wird insgesamt als „konkurrenzfähig und absatzstark" bewertet (Bank Austria, 2014): „Der Maschinenbau zählt zu den wenigen expansiven Industriebranchen Österreichs, in denen kontinuierlich neue Arbeitsplätze entstehen und neue Unternehmen gegründet werden". Die Spezialisierung einiger Unternehmen, z.B. der Hersteller von Kunststoff- und Papiermaschinen oder Maschinen für die Nahrungsmittelindustrie wird als eine Dämpfung der Konjunktursensibilität betrachtet.

Insgesamt liegt das Wachstum des österreichischen Maschinen- und Anlagenbaus in der Produktionsleistung – verglichen mit dem Jahr 2005 – vor Deutschland und über dem mittleren EU27-Niveau (Bank Austria, 2014). Die strukturellen Nachteile können dabei ausgeglichen werden: Österreichs Maschinenbau wird als „forschungsfreudig, innovationsaktiv, mit Zukunftspotential" bewertet (Bank Austria, 2014).

Es ist zudem anzunehmen, dass auch in Österreich wie in Deutschland gilt, dass der Maschinen- und Anlagenbau selbst der wichtigste oder zumindest ein wichtiger Kunde ist (VDMA, 2013).

2.4.2 Trends

Folgende Trends sind derzeit für die Branche Maschinen- und Anlagenbau in Österreich bedeutsam.

Mit „**Mechatronik Everywhere**" kann umschrieben werden, dass es im Maschinen- und Anlagenbau kaum noch reine Mechanik im Sinne des althergebrachten Maschinenbaus gibt, sondern Mechanik heute fast überall mit Elektronik und IT einhergeht, die nun vernetzt („connected") wird: „Durch Industrie 4.0 werden klassische Branchengrenzen zwischen Maschinenbau und IT verschoben" (Emmrich u.a., 2015). Damit verknüpft sich auch die Erwartung, dass neue Wettbewerber in den Markt eintreten (Emmrich u.a., 2015).

In der Folge beschreibt der Begriff **Industrial Internet of Things (IIoT)** die Entwicklung, dass Internet-Technologien in die Fertigungsindustrie Einzug halten. Das entspricht der Ausweitung von Automatisierung und Konnektivität.

- **Remote Services**, also die Fernanalyse ist damit verbunden ebenso „auf dem Vormarsch" (Berger, 2014): „Einen wichtigen Wachstumstreiber für die Maschinenbauindustrie stellt das so genannte "Remote Monitoring" dar, die drahtlose Datenübertragung von den installierten Anlagen hin zum Hersteller." (Pressemitteilung von Berger, 2014). Dies kann auch als eine Variante der **Smart Products** betrachtet werden.

- **Instandhaltung 4.0** ist damit verbunden, auf IIoT-Basis bereitgestellte Möglichkeiten zu nutzen, um Verzögerungen durch Maschinenausfälle o-der Wartungen zu minimieren: „Die Zukunftsvision der Instandhaltung 4.0 geht von einer umfassenden Digitalisierung, Überwachung und Auswer-tung aller Produktionsanlagen aus. Gemäß dieser Vision besteht der Kern-nutzen der Instandhaltung 4.0 in einer deutlichen Reduktion der Instand-haltungskosten sowie in Wettbewerbsvorteilen durch unternehmensüber-greifende Vernetzungen." (Güntner u.a., 2015). Eine technische Basis für das Konzept der Instandhaltung 4.0 ist das **Condition Monitoring** (die Zustandsüberwachung), also die automatische Messung, Überwachung und Optimierung der Maschinen. Das ist ein vielfach von Betreibern der Maschinen gewünschtes Konzept, das durch das Industrial Internet of Things mitgetrieben wird (Quest Trend, 2016).

- **Produkt-Rückverfolgbarkeit** ist immer häufiger eine Compliance Vor-gabe, die darauf abzielt, dass jedes einzelne produzierte Produkt nicht nur eine eindeutige ID hat, sondern auch genau einer Produktions-Charge zu-geordnet werden kann inklusive Daten darüber, von welchen Maschinen das Produkt wann wie bearbeitet wurde. Auf diese Weise ermöglicht das Industrial Internet of Things Qualitätssicherung und Produktgarantien auf einem völlig neuen Niveau.

Big Data und Predictive Analysis sind zwei weitere, wiederum mit IIoT verbundene spannende Aspekte der IT-Einbindung im Maschinen- und Anlagenbau: Immer mehr Daten fallen an, teils in einem so großen Ausmaß, dass die Daten nicht mehr mit einfachen Mitteln gespeichert werden können („Big Data"). Diese Daten ermöglichen dabei unter Umständen neue und bisher kaum genutzte Möglichkeiten der Kontrolle und auch der Berechnung von

Wahrscheinlichkeiten für zukünftige Ereignisse (Predictive Analysis), was wiederum eine Grundlage für neuartige Instandhaltungs- und Serviceprozesse oder Simulationsmodelle sein kann („Data driven Services").

2.4.3   Veränderungspotenzial durch die Entwicklung zum Industrial Internet of Things

Das Schlagwort Industrie 4.0 ist im Bereich des Maschinen- und Anlagenbaus der dominante Innovationstrend.

Industrie 4.0 selbst ist *der* bedeutsame Trend für die Branche (vgl. Produktion, 2016; Quest Trendmagazin, 2016; Spath u.a., 2013). Andere Begriffe dafür sind Smart Manufacturing, Advanced Manufacturing oder Factory of the Future. Der Begriff bezieht sich dabei auf eine neue vierte Generation von Industrie, die durch die Einführung cyber-physischer Systeme und die Nutzung der Konnektivität mithilfe von Internet-Technologien gekennzeichnet ist. Internet of Things ist dabei ein Teilaspekt, insbesondere die eindeutige Adressierbarkeit physischer Objekte. Dabei wirkt sich dies in den unterschiedlichen Segmenten der Branche unterschiedlich intensiv aus. Dass Industrie 4.0 eine hohe Aufmerksamkeit im Maschinen- und Anlagenbau bekommt, zeigt sich auch in der 2014 in Österreich gestarteten „Agenda Produktion 4.0 Initiative zur Stärkung der Wettbewerbsfähigkeit der KMU und Leitbetriebe in Kooperation mit den Bundesländern" (bmwfw, 2015).

So wurde 2015 der Verein „Industrie 4.0 Österreich – die Plattform für intelligente Produktion" gegründet (http://plattformindustrie40.at/). Beispielsweise wurde im April 2016 das Forschungsprojekt „Digitale Fabrik" von Festo und der Fachhochschule Technikum Wien gestartet (Mechatronik Cluster, 2016b, die erste Pilotfabrik Industrie 4.0 ist in Wien Aspern gestartet (BMVIT, 2015), drei weitere Pilotfabriken sind ausgeschrieben (FFG, 2016).

Geschäftsmodell-Innovationen werden dabei als maßgebliche Erfolgsfaktoren für den Markterfolg von Industrie-4.0-Technologien betrachtet (MC Report 2016). Industrie 4.0 ist eben vorrangig eine technologische Entwicklung, die jedoch erst durch tragfähige – auch neuartige – Geschäftsmodelle Wirksamkeit erfahren wird. So wird Andreas Pree, Manufacturing-Stratege bei Palfinger, wie folgt zitiert: „In den Unternehmen wird ein Umdenken erfolgen müssen. Mit Industrie 4.0 werden sich komplett neue Geschäftsmodelle entwickeln. Nur jene Unternehmen, die diese Notwendigkeit erkennen werden positive Effekte aus Industrie 4.0 generieren" (Güntner, 2015).

IIoT hat Einfluss auf …	Begründung der Einschätzung und Beispiele
Produkte / ●●● Dienste	Industrie 4.0 als zentraler Trend des Maschinen- und Anlagenbaus wirkt sich mit großem Einfluss auf die Produkte aus:

		• Entwickelte Maschinen und Anlagen orientieren sich zunehmend an den Konzepten rund um Industrie 4.0. Rund ein Drittel (35 Prozent) in den automatisierungsrelevanten Branchen der Maschinenbauer räumen Industrie 4.0 Relevanz für das Engineering ihrer Maschinen ein (Quest Trendmagazin, 2014). Allgemein bedeutet dies eine größere Verschmelzung der Informationstechnologie und der Fertigungsindustrie. • Für die Kunden der Maschinen und Anlagen ergeben sich dabei zahlreiche Neuerungen und Services, zum Beispiel im Bereich der Werkzeugmaschinen „durchgängige Betrachtung und Bewertung des gesamten Prozessablaufs; komplette Anbindung an das Internet und flexible und schnelle Produktanpassungen; Dokumentation papierlos; automatische Fehlerdiagnosen und Verbesserung; automatische Prozessoptimierung." (Quest Trendmagazin, 2014). • Zu beachten ist, dass z.B. in Bereichen der KMU sowie des Sondermaschinenbaus die entsprechenden Entwicklungen oft (noch) geringe Bedeutung haben und hinter dem klassischen Maschinen- und Anlagenbau hinterherhinken.
Prozesse	●●	IIoT-Technologien ermöglichen den Herstellern vermehrt Dienstleistungen rund um den Einsatz der Maschinen und Anlagen anzubieten oder entsprechende Daten zu nutzen. • So erlaubt Remote Monitoring unmittelbare und neuartige Serviceleistungen vom (End-)Kunden bis zum Hersteller der Maschinen und Anlagen, insbesondere die Fernwartung. Damit verbunden können auch Instandhaltungsdienstleistungen auf neue Weise übernommen werden. • Maschinen und Anlagenbauer können mit Hilfe der Daten auch Einsichten über die Art und Weise, wie Kunden ihre Maschinen verwenden, erhalten, die sie bislang nicht haben. • Mit dem IIoT müssen Maschinen -und Anlagenbauer verstärkt Kompetenzen im Feld aufbauen, z.B. in Bezug auf Informationstechnologien und Datenmanagement. Eine große Herausforderung stellt die Vereinheitlichung von Datenstandards und Austauschformaten dar. Ein Beispiel dafür ist die österreichische Qualifizierungsoffensive SmartPro (Smart Production – Maschinendatenanalyse und -interpretation in der Produktion mit dem Schwerpunkt Industrie 4.0). Entsprechende Weiterbildungs- und Beratungsdienstleistungen können ebenso das Repertoire der Maschinen- und Anlagenbauer erweitern (z.B. Reifegradmodell Industrie 4.0 der FH Oberösterreich).
Ertragsmodell	●●	Mittelfristig verändert das IIoT das Ertragsmodell im Maschinen- und Anlagenbau wohl deutlich. • Das IIoT betrifft vor allem die produzierten Maschinen und Anlagen, aber auch das Ertragsmodell. So ist denkbar, dass Maschinen nicht mehr verkauft, sondern auf Basis von echten geleisteten Maschinenstunden vermietet werden. Dadurch könnten evtl. völlig neue Kundengruppen angesprochen werden, für die sich momentan der komplette Kauf beispielsweise eines Kranes noch nicht rentiert. Mitnahmeeffekte von Vorreitern für neuartige IIoT-Realisierungen im Maschinen- und Anlagebau sind wahrscheinlich, die Studie von Emmrich u.a. (2015) konstatiert zum Beispiel „die Entwicklung neuer Geschäftsmodelle auf Basis einer Lebenszyklus- und Serviceorientierung steht noch am Anfang." (Emmrich u.a., 2015)
Zielkunden	●	Die Zielkunden des Maschinen- und Anlagenbaus dürften sich durch IIoT-Entwicklungen nicht gravierend ändern. • Dadurch, dass der Maschinen- und Anlagenbau selbst zu einem bedeutsamen Anteil Kunde der Branche ist, könnte die Entwicklung in der Branche eine deutliche Dynamisierung erfahren. Gewissermaßen treiben

| | Anbieter und Nachfrager gleichermaßen Entwicklungen in Richtung IIoT. |
| | Zudem könnten durch die Verbreitung von Webtechnologien und Online-Handel auch neuartige Maschinen und Kunden für den Maschinenbau adressierbar werden. Ein Beispiel ist z.B. die Fertigung von vollautomatischen Pizzamaschinen auf öffentlichen Plätzen, die zum Teil von neuen Kunden beauftragt werden könnten, die schwerpunktmäßig der Informationstechnologiebranche zuzurechnen sind. |

Tabelle 7: Veränderungspotenzial des Maschinen- und Anlagenbaus durch die Entwicklung zum Industrial Internet of Things (eigene Darstellung)

2.5 Elektro- und Elektronikindustrie

2.5.1 Profil des Sektors

Nach dem Maschinen- und Anlagenbau zählt die Elektro- und Elektronikindustrie (EEI) zu den bedeutendsten und größten Branchen in Österreich. Laut der NACE-Systematik der Europäischen Union zählen zur Elektroindustrie die Branchen Elektronik und Elektrotechnik. Der Bereich Elektronik beschäftigt etwa 20.000 Menschen und erwirtschaftet einen Jahresumsatz von 4,8 Milliarden Euro. Diese Sparte beinhaltet die Informations- und Kommunikationstechnologie (IKT), elektronische Bauelemente, Computerchips und Unterhaltungselektronik, sowie Medizin-, Regel- und Messtechnik und die Erzeugung optischer Instrumente. Im Bereich der Elektrotechnik arbeiten zirka 44.000 Personen und erwirtschaften einen Jahresumsatz von rund 11,4 Milliarden Euro.

Zur Elektrotechnik bzw. zur Herstellung elektrischer Ausrüstungsgüter zählen Maschinen und Waren zur Stromerzeugung und -verteilung, Batterien, Kabel und Leitungen, elektrische Haushaltsgeräte, Lampen und sonstige elektrische Geräte und Ausrüstungen, wie etwa passive Bauelemente, elektronische Anzeigen und Türklingeln. Die gesamte Elektroindustrie trägt 12 Prozent zur österreichischen Industriewertschöpfung bei. Dabei liegt Österreich über dem EU-Durchschnitt von zirka 10 Prozent (Wolf, 2014). Zudem leisten die Unternehmen der Elektro- und Elektronikindustrie einen bedeutenden Beitrag zur Innovationskraft Österreichs und sind mit rund 20.000 Euro Forschungsausgaben pro Beschäftigtem die forschungsintensivste Branche im Land. Das heißt gesamt belaufen sich die F&E-Ausgaben der Branche auf 957,5 Millionen Euro (FEEI, 2015a).

Die österreichische Elektroindustrie trägt 3 Prozent zum EU-27 Branchenumsatz bei. Die größten Elektronik- und Elektrotechnikhersteller Europas sind Deutschland (Umsatzanteil 32 Prozent), Frankreich und Italien (Umsatzanteil 11 Prozent). Die österreichische Elektro- und Elektronikindustrie ist ein stark exportorientierter Industriezweig. Über 80 Prozent der Produkte werden in weltweit mehr als 150 Länder exportiert. Die exportstärksten Sub-Sparten der Branche sind der Bereich der elektrischen Ausrüstungen für Kraftfahrzeuge mit einer Exportquote von 98 Prozent, gefolgt von elektronischen Bauelementen (89,9

Prozent) und sonstigen elektrischen Ausrüstungen (87,1 Prozent). Exporte nach Deutschland sind von 2013 auf 2014 um 3,5 Prozent gestiegen. Ebenso gibt es eine gute Entwicklung der Exportzahlen nach Ungarn, Polen, Rumänien, Kroatien und in die Slowakei, sowie ein starkes Wachstum der Exporte in die USA. Die Nachfrage aus China ist im Jahr 2015 hingegen gedämpft (FEEI, 2015b).

Insgesamt gibt es in Österreich laut Fachverband Elektro- und Elektronikindustrie im Jahr 2015 226 Unternehmen in dieser Branche, davon waren mehr als zwei Drittel Kleinst-, kleine und mittlere Betriebe. Rund 19,5 Prozent der Unternehmen beschäftigen mehr als 250 Mitarbeiter (WKO, 2016). Einige der Unternehmen agieren als Weltmarktführer in ihrer Sparte. Die in Österreich umsatzstärksten Unternehmen der EEI (Stand 2014) sind die Siemens AG Österreich, Infineon Technologies Austria AG und die Zumtobel Group AG (Trend, 2016). Die Siemens AG Österreich erwirtschaftete 2014 einen Umsatz von rund 2,5 Milliarden Euro und beschäftigte 7.911 Mitarbeiter. Siemens ist vor allem in Bereichen wie der Elektrifizierung, Automatisierung und Digitalisierung tätig. Hierzu zählen Systeme und Dienstleistungen für die Energieerzeugung, -übertragung sowie -verteilung ebenso wie energieeffiziente Produkte und Lösungen für die Produktions-, Transport- und Gebäudetechnik bis hin zu Technologien für hochqualitative und integrierte Gesundheitsversorgung (Siemens, 2015). Der zweitgrößte Konzern der Branche ist die Infineon Technologies Austria AG mit 1,3 Milliarden Euro Umsatz (2014) und 3.300 Mitarbeitern (Trend, 2016). Infineon ist weltweit führender Anbieter von Halbleiterlösungen und agiert unter anderem in den Bereichen Energieeffizienz, Mobilität und Sicherheit. Das drittstärkste Unternehmen in der EEI in Österreich ist die Zumtobel Group AG – ein in der Lichtindustrie tätiges Unternehmen – mit einem Jahresumsatz (2014) von 1,2 Milliarden Euro und einer Beschäftigtenzahl von knapp 7.300 Mitarbeitern. Die Zumtobel-Gruppe ist international führender Anbieter ganzheitlicher Lichtlösungen im Bereich der professionellen Gebäudebeleuchtung für innen und außen. Zumtobel entwickelt laut eigener Angabe innovative und individuelle Lichtlösungen, welche ergonomische, ökonomische sowie ökologische Ansprüche erfüllen und gleichzeitig ästhetischen Mehrwert schaffen (Zumtobel, 2016). Generell erstrecken sich österreichische Unternehmen der EEI-Branche von Technologieanbietern von Haushaltselektronik über Energietechnik bis hin zur Halbleitertechnologie.

Die österreichische Elektro- und Elektronikindustrie unterzog sich in den letzten Jahren und Jahrzehnten einem enormen Wandel. Beginnend bei einer rein auf die Produktion von Gütern spezialisierten Branche hin zu einem Anbieter einer weitreichenden Palette von hochinnovativen Produkten und Serviceleistungen. Basierend auf dieser dynamischen Entwicklung ist die EEI-Branche zu einer Schlüsselindustrie Österreichs auch für andere Branchen geworden und agiert somit als Wachstumsmotor für die Industriekonjunktur im Land. Folgenden zentralen Herausforderungen muss sich die Elektro- und Elektronikindustrie laut Einschätzung des Branchenverbandes in den nächsten Jahren stellen:

Klimawandel, Urbanisierung, Mobilität und alternde Gesellschaft (FEEI, 2015b).

2.5.2 Trends

Verschmelzen mit anderen Branchen: Die Elektro- und Elektronikindustrie und deren Produkte dienen immer mehr als Grundlage für andere Branchen und Bereiche. Elektronik selbst wird als „Enabling Technology" für andere Sektoren bezeichnet (FEEI, 2015c, S.8). So ist die Elektro- und Elektronikindustrie maßgeblich an der Modernisierung und Weiterentwicklung verschiedener Infrastrukturen unter anderem in den Bereichen IKT, Energie, Verkehr und Mobilität beteiligt.

- Beispielsweise sind die Elektro- und Elektronikindustrie und der **Maschinen- und Anlagenbau** gemäß dem Begriff **Mechatronik** immer mehr zusammengewachsen. Ohne die Elektro und Elektronikindustrie ist die Digitalisierung der Maschinenwelt nicht realisierbar. Durch Unterstützung mittels Elektronik und Sensorik werden Maschinen zu smarten und vernetzten Produkten weiterentwickelt.

- Die **Automobilbranche** ist bereits jetzt ein wichtiger Markt für die EEI, da 41 Prozent des Umsatzes der österreichischen EEI aus dem Bereich Generatoren und Elektromotoren stammen (Wolf, 2104). Die Zukunft der Fahrzeuge wird sich auf das vernetzte, autonome Fahren fokussieren und in absehbarerer Zeit werden Verbrennungsmotor und Elektroantrieb den gleichen Stellenwert haben (Industriemagazin, 2016). Um dieses Ziel zu erreichen wird in den nächsten Jahren vor allem die Elektro- und Elektronikbranche gefordert seine Innovationen in diesem Bereich auf den Markt zu bringen. Jedoch nicht nur E-Motoren spielen für die EEI eine bedeutende Rolle. In Zusammenarbeit mit der Automobilindustrie, der IT und Softwarebranche arbeitet die EEI an der „Elektronisierung" und der intelligenten Vernetzung von PKWs und LKWs. Elektromotoren sowie Leistungselektronik, Radarsensoren und WLAN-Gateways sind nur der Anfang einer Reihe elektrotechnischer Komponenten in zukünftigen Automobilen (Schlott, 2014).

- Weitere Branchen: Die Elektro- und Elektronikindustrie dient als Grundlage der Digitalisierung für alle Branchen. Beispielsweise setzt die Sportindustrie auf Wearable Technologies oder der Einzelhandel, der vermehrt auf die Individualisierung setzt, benötigt dafür durch Sensoren gesammelte Nutzerdaten. Für die Sammlung, Auswertung, Nutzung und Verbreitung von Daten und sind eine gut ausgebaute Infrastruktur, kostengünstig verfügbare Sensoren und energieeffiziente Produkte essentiell.

Ausbau der Infrastruktur

Der Auf- und Ausbau zu einer flächendeckenden besseren Infrastruktur ist ein oftmals genannter Trend im Bereich der Elektro- und Elektronikindustrie (Vgl. FEEI, 2015b; Wolf, 2014; VDE, 2011). Eine leistungsfähige, gut ausgebaute Energie- und Breitbandinfrastruktur gilt als Grundvoraussetzung um in der Welt des Industrial Internet of Things bestehen zu können. Die Elektro- und Elektronikbranche nimmt im Vergleich zu anderen Industriezweigen einen Sonderstatus in Form einer Doppelrolle ein: Einerseits als Nutzer, indem sie auf Technologie-entwicklungen und den Ausbau der Infrastruktur angewiesen ist, und andererseits als Produzent der Technologieentwicklungen und des Infrastrukturausbaus (FEEI, 2015a).

Im Bereich der Infrastruktur setzt Österreich einen Fokus auf den flächendeckenden Ausbau von Breitbandinternet, öffentlich bekannt vor allem als kolportierten „Breitbandmilliarde". Zugang zu schnellem Breitbandinternet ist im Zusammenhang mit Industrie 4.0 enorm wichtig für Unternehmen. Notwendige Investitionen in den Infrastrukturausbau werden insgesamt auf etwa 5 Milliarden Euro geschätzt. Zwei bis drei Milliarden Euro werden aus der EEI stammen, vor allem von Telekommunikationsunternehmen (BMVIT, 2014). Neben dem Ausbau des Breitbandinternets nennt der Fachverband der österreichischen EEI die Wichtigkeit des Ausbaus und der Modernisierung der Energieinfrastruktur unter anderem mittels einem Fokus auf Smart Meter und Smart Grids und im Hinblick auf die Kombination der beiden Technologien (FEEI, 2012). Durch den Ausbau der Infrastruktur stellt die EEI einen Motor für die Entwicklung der Infrastruktur auch in anderen Branchen wie etwa dem Verkehr, der Gesundheit und der Mobilität dar (FEEI, 2015b).

Mikro- und Nanoelektronik

Durch die Entwicklung des Industrial Internet of Things steigen die Ansprüche gegenüber elektronischen Bauteilen und Sensoren enorm an. Sie müssen kleiner, leistungsstärker und energieeffizienter sein, um den Anforderungen entsprechen zu können. Ob ein Land wie Österreich oder Deutschland bei der Entwicklung zu Industrie 4.0 global vorne mit dabei ist, ist von der Verfügbarkeit von mikro- und nanoelektronischen Bauteilen abhängig (VDE, 2014). Mikro- und Nanoelektronik ist Basis- und Schlüsseltechnologie und somit von essentieller Bedeutung für unterschiedliche Branchen wie etwa Kommunikation, Mobilität, Medizintechnik oder im Anlagen und Maschinenbau (Russer et al., 2014). Aktive elektronische Bauelemente – wie etwa Computerchips – basieren auf Mikro- und Nanoelektronik und sind abgesehen von Produkten der Elektroindustrie selbst in anderen Branchen und allen voran in der Halbleiterindustrie unersetzbar. Somit beeinflusst die Innovationskraft der EEI nicht nur die eigene Branche, sondern ist zudem maßgeblich für die Wettbewerbsfähigkeit anderer Industriesektoren (Wolf, 2014).
Den Anforderungen, dass elektronische Bauteile immer kleiner werden müssen bei gleichzeitiger Erweiterung der Speicher- und Arbeitskapazitäten, kommt die

österreichische Elektro- und Elektronikindustrie nach. Die Herstellung von elektronischen Bauelementen (9,8 Prozent des Gesamtproduktionswerts) konnte die Produktion im Jahr 2015 um 6,3 Prozent gesteigert werden (FEEI, 2016). Ein Fokus im Zusammenhang mit Mikro- und Nanoelektronik liegt in Österreich im Bereich von Electronic Based Systems (EBS). Diese werden als grundlegende Schlüsseltechnologie der Zukunft gesehen und sind Geräte, welche auf Aspekten der Mikro- und Nanoelektronik, eingebetteten, cyberphysischen und integrierten Systeme basieren. Ohne EBS und ihren Funktionen sind Anwendungen wie automatisiertes Fahren, das Industrial Internet of Things beziehungsweise Industrie 4.0 nicht möglich (BMVIT & FEEI, 2016).

2.5.3 Veränderungspotenziale durch die Entwicklung zum Industrial Internet of Things

Neben dem Maschinen- und Anlagenbau und der Automobilindustrie gehört die Elektro- und Elektronikindustrie (EEI) zu jenen Branchen, die das größte Interesse am Industrial Internet of Things beziehungsweise an Industrie 4.0 hat. Zudem hat die EEI – neben dem Maschinen- und Anlagenbau – das größte Wertschöpfungspotenzial bei der Implementierung von Industrie 4.0, da sie als Ausrüster und als Produzent die horizontale, so wie die vertikale Integration in Engineering und Produktion abbildet (Jahn, 2016). Die EEI gilt als Enabler für Industrie 4.0, da – wie bereist geschildert – ohne den Grundvoraussetzungen, die von dieser Branche geschaffen werden, das Industrial Internet of Things und das Konzept der Industrie 4.0 kaum umsetzbar wäre.

Vor allem im Bereich der Elektrotechnik werden das Industrial Internet of Things und Industrie 4.0 als Megatrend eingestuft, da sich selbst steuernde Maschinen und Systeme mit leistungsstarken Sensoren und elektronischen Bauteilen ausgestattet werden (Wolf, 2014). Die EEI ermöglicht und treibt die Entwicklung von immer kleineren und leistungsfähigeren Computerchips voran, welche zukünftig vermehrt in Gegenständen des täglichen Lebens integriert werden. Somit ist auch die Sammlung und Verarbeitung von Daten und Informationen in das Alltagsleben integriert (Stichwort Ubiquitos Computing) und die Schnittstelle zwischen realer und virtueller Welt ist etabliert.

Durch das Industrial Internet of Things entstehen ebenso wie in der Automobilindustrie oftmals strategische Partnernetzwerke und Kooperationen mit anderen Unternehmen (beispielsweise Chip- oder Sensorenhersteller). Eine hohe Relevanz der Branche im Zusammenhang mit dem IIoT basiert auf der zunehmenden Anzahl und steigenden Komplexität elektronischer Bauteile in unterschiedlichsten Endprodukten. Zudem kommt es durch das Industrial Internet of Things oftmals zu Energieeffizienzsteigerungen bei gewohnten Prozessabläufen und zu vielfältigen neuen Interaktionsmöglichkeiten. Dadurch, dass Energieströme besser überwacht werden können und Echtzeitdaten und hohe

Transparenz vorliegen, ist eine deutliche Steigerung der Energieeffizienz in der Produktion realisierbar (Vgl. Surwald, 2015; McKinsey, 2015; Böhme, 2015). Ebenso kommt es durch die Weiterentwicklung und die Vernetzung klassischer Haushaltsgeräte durch smarte Steuerungsmöglichkeiten zu Energieeffizienzgewinnen (McKinsey, 2015). Smarte und vernetzte Haushaltsgeräte sind ein deutlich erkennbarer Trend im Bereich der Elektro- und Elektronikindustrie, welcher als Smart Living oder Smart Home bezeichnet wird (Vgl. McKinsey, 2015; Zvei, 2016). Waschmaschinen und Fernseher, die mittels App vom Smartphone ausgesteuert werden können, und Fensterjalousien, die sich je nach Sonneneinstrahlung oder mit Steuerung durch das Smartphone einstellen lassen, sind Bestandteil zukünftiger Häuser.

Das Thema Industrial Internet of Things und Datenschutz ist auch für die EEI hoch relevant. Um in Zukunft IIoT Anforderungen erfolgreich erfüllen zu können, bedarf es unterschiedlicher Normen und Standards. Diese umfassen laut Deutscher Kommission für Elektrotechnik, Elektronik und Informationstechnik DKE (2015) Normen und Standards bezüglich: Vernetzung, Sicherheit, Kommunikation, Intelligenz, Vertrauen. Das IIoT braucht Normen und Standards für technologischen Fortschritt, für wirtschaftlichen Erfolg und für Sicherheit für Mensch und Umwelt. Erst wenn ausreichend Normen und Standards für diese Themenbereiche erarbeitet sind, ist ein nahezu sicherer Austausch von Daten möglich.

Die Elektro- und Elektronikindustrie fürchtet durch steigende Anforderungen, steigende Nachfrage und durch die wachsende Vernetzung mit anderen Disziplinen einen Mangel an Fachkräften. Besonders der Fachverband der österreichischen EEI betont die Wichtigkeit fundierter Ausbildungsmöglichkeiten und setzt einen Fokus auf Bildung. Laut FEEI (2015b) sind „In einem rohstoffarmen Land wie Österreich ausgezeichnete Fachkräfte eine wichtige Ressource". Durch das Industrial Internet of Things beziehungsweise Industrie 4.0 prophezeit der Fachverband einen Zuwachs an Beschäftigungsverhältnissen von 13.000 zusätzlichen Beschäftigten pro Jahr (FEEI, 2015b).

IIoT hat Einfluss auf …		Begründung der Einschätzung u. Beispiele
Produkte / Dienste	●●●	Obwohl oder gerade weil die Elektro- und Elektronikindustrie hauptsächlich als „Enabler"-Industrie gilt, welche anderen Branchen den Wandel zu IIoT verhilft, ändern sich die Produkte innerhalb der EEI.
		• Oftmals werden bereits bestehende Produkte mittels Sensoren oder sonstigen intelligenten Fähigkeiten erweitert und vernetzt. Als Bespiel hierfür dient eine Waschmaschine. Das Produkt selbst bleibt bestehen, es wird jedoch mittels Sensoren erweitert und mit anderen Produkten verknüpft. Damit kann eine Waschmaschine auch von unterwegs via Smartphone bedient werden. Zum Teil haben sich durch die verschwimmenden Branchengrenzen neue Teilbereiche ergeben, welche neue Pro-

duktlinien erfordern. Ein Beispiel hierfür ist die Automobilindustrie. E-Motoren sind seit den letzten Jahren bereits ein wichtiger Bestandteil der EEI. Jedoch werden Autos immer mehr „elektronifiziert" und neue elektronische Bauteile werden erforderlich, welche meist in Kooperation mit der Automobilindustrie entwickelt und in neue Fahrzeuge integriert werden.

- Bestehende Produkte werden nicht nur um Sensoren erweitert. Basierend auf der Sensorik werden auch mit dem Produkt gekoppelte Serviceleistungen angeboten. Ein Beispiel hierfür ist das Angebot zu Elektrogeräten einen Service zu verkaufen, welcher sich automatisch um die Wartung des Produkts kümmert, Ersatzteile austauscht, sobald es notwendig wird und eine permanente Funktionsgarantie ermöglicht.

- Zudem werden, wie bereits erläutert, die Bauteile immer kleiner und leistungsstärker. Dadurch ist die EEI zu sehr kurzen Innovationszyklen gezwungen und muss laufend in die Forschung und Entwicklung noch kleinerer und leistungsstärkerer Bestandteile investieren.

- Auch bisher mit vergleichsweise wenig elektronischen Bestandteilen auskommende Branchen, wie etwa das Gesundheitswesen, verlangen immer stärker nach intelligenten Produkten.

| Prozesse | ●●● | Durch die Einführung von IIoT Technologien verändern sich die Wertschöpfungsprozesse zum Teil sehr stark. Immer mehr Produktleistungen werden mit Serviceleistungen kombiniert und hybride Produkt-Servicebündel entstehen. |

- Die steigende Verfügbarkeit von Nutzerdaten wird in den Wertschöpfungsprozess mit eingebunden. Somit ist es möglich den Kunden individualisierte Angebote bereitzustellen.

- Wertschöpfungsprozesse selbst werden zunehmend vernetzt und dadurch smarter. Zudem werden Herstellungsprozesse durch die Verbindung von Automatisierungstechnologien und IKT verknüpft und somit können Informationen zwischen Produktionsanlagen, Lieferanten und Kunden unkompliziert und global ausgetauscht werden. Mit Hilfe der Analyse von Echtzeitdaten können Prozesse automatisch gesteuert werden und mit solcherart vernetzten automatisierten Prozessen kann es zu einer enormen betrieblichen Leistungs- und Effizienzsteigerung kommen.

- Durch den verstärkten Fokus auf eine gut ausgebaute Energie- und Breitbandinternetinfrastruktur ist es möglich mehr Daten zu sammeln und diese zu nutzen, um einen Mehrwert für Kunden zu erzielen. Ebenfalls hier das Beispiel von Smart Meter und in weiterer Folge von Smart Grids. Durch Daten über das Verbrauchsverhalten der Nutzer können Anbieter ihre Prozesse optimal planen und dadurch bessere Angebote zur Verfügung stellen.

- Durch IIoT Technologien und das Sammeln von Daten können die Qualitätssicherung ebenso wie die Energieeffizienz gesteigert werden, da im Fall von Unregelmäßigkeiten frühzeitig eingegriffen werden. Fehlerhafte Chargen und Ausschuss werden somit reduziert.

- Durch die Vernetzung der Produkte spielt das Thema Datenschutz und Datensicherheit bei den betriebsinternen wie auch unternehmensübergreifenden Prozessen eine große Rolle. Vertreter der EEI fordern anerkannte Normen und Standards in

		diesem Bereich, um Unternehmen zu helfen und die Entwicklung der EEI im Bereich von IIoT voranzutreiben.
		• Durch das IIoT werden Branchengrenzen zunehmen aufgelöst und Elektro- und Elektronikkomponenten sind in beinahe alle Bereiche integriert. Dadurch ergeben sich neue Netzwerkkooperationen mit anderen Bereichen. Nicht nur neue Produkte, sondern auch branchenübergreifende Prozesse werden gemeinschaftlich entwickelt.
Ertragsmodell	●●	Das Ertragsmodell im Bereich der Elektro- und Elektronikindustrie verändert sich, abhängig vom jeweiligen Teilbereich mittelmäßig bis stark.
		• Beispielsweise werden anstelle von Produkten Serviceleistungen oder Produkt-Service-Bündel verkauft. Statt einer einmaligen hohen Investition für ein Produkt bezahlen Kunden für ein Gesamtpaket mittels monatlichen Raten. Ein Beispiel hierfür ist die Firma Zumtobel, welche Licht als Service anstelle von Lampen anbietet.
		• Im Bereich IKT bezahlen Kunden zum Teil mit der Bereitstellung ihrer Daten anstelle von rein finanziellen Modellen. Zudem wird im IKT-Bereich oftmals mit der Koppelung von Produkten mit Serviceleistungen gearbeitet. Der Kunde bezahlt für das Produkt einen stark verringerten Preis und den Restbetrag bezahlt er mittels höherer Servicegebühren. Ein Beispiel hierfür ist der Verkauf von günstigen Smartphones durch Telekommunikationsanbieter, welche an hohe monatliche Pauschalbeträge für die Nutzung gebunden sind.
		• Die Einführung des IIoT und die damit verbundene Verfügbarkeit von Daten in Echtzeit macht es Firmen möglich, die tatsächliche Nutzung oder den tatsächlichen Verbrauch zu ermitteln und folglich genau diesen in Rechnung zu stellen. Beispielsweise kann durch die Einführung von Smart Metern monatlich der exakte Stromverbrauch abgerechnet werden anstatt mit monatlichen Akontozahlungen zu arbeiten, die auf einem geschätzten Verbrauch basieren, und dann in langen Zeiträumen von einem Jahr oder mehr die Zählerstände abzulesen und basierend auf dem realen Verbrauch in diesem langen Zeitraum nachträglich abzurechnen.
Zielkunden	●●	Die Zielkunden der Elektro- und Elektronikindustrie, welche abgesehen vom Teilbereich IKT (B2B und B2C) hauptsächlich im Bereich B2B liegen, werden sich durch das IIoT vor allem dahingehend verändern, dass die Kundenbeziehungen tendenziell stärker werden und bisher eher elektronikferne Branchen ebenfalls zu Zielkunden werden. Das stellt keine grundlegende Disruption der Kundenbeziehungen dar, verbreitert aber den Wirkungskreis der Elektro- und Elektronikindustrie doch beträchtlich.
		• Durch das Digitalisieren bzw. durch die intelligente Vernetzung von Produkten und Serviceleistungen werden bisher analoge beziehungsweise elektronikferne Branchen mit Sensoren ausgestattet. Dadurch können sich neue Kundenbeziehungen und Zielkunden auch aus neuen Zielbranchen ergeben.
		• Kundenbeziehungen werden durch individualisierte Angebote gestärkt und bestehende Kunden werden vor allem über das Thema Datenaustausch und Datenmanagement tendenziell längerfristig an das Unternehmen gebunden.

Tabelle 8: Veränderungspotenziale der Elektro- und Elektronikbranche durch die Entwicklung

zum Industrial Internet of Things (eigene Darstellung)

2.6 Pharmaindustrie

2.6.1 Profil des Sektors

Die österreichische Pharmaindustrie ist Teil der Prozessindustrie sowie der chemischen Industrie. Seit 2008 wird die Pharmaindustrie in Statistiken als eigene Branche dargestellt (NACE 21), welche pharmazeutische Grundstoffe, Arzneimittel und sonstige medizinische Verbrauchsartikel produziert (Wolf, 2013). In Österreich setzt sich die Pharmaindustrie aus 88 Unternehmen zusammen, beschäftigt rund 13.600 Menschen und erwirtschaftet dabei einen Umsatz von 4,3 Milliarden Euro (Zahlen für das Jahr 2014; Statistik Austria, 2016). Zählt man auch F&E, Vertrieb und Herstellung dazu, umfasst die Pharmabranche 120 Unternehmen (Pharmig, 2015). Rund die Hälfte der in Österreich tätigen Pharmafirmen sind Kleinstbetriebe mit max. 9 Mitarbeitern. Weitere 40 Prozent setzen sich aus klein- und mittelgroßen Unternehmen mit zwischen 10 und 250 Mitarbeitern zusammen. Somit sind nur rund 10 Prozent der Pharmafirmen Österreichs Großbetriebe mit mehr als 250 Mitarbeitern.

Etwa 12,6 Prozent der gesamten Gesundheitsausgaben in Österreich sind Kosten für Arzneimittel und prozentuell gemessen an den Umsatzerlösen liegen die Ausgaben für Forschung und Entwicklung für Arzneimittel und Biotechnologie bei 14,9 Prozent. Im Vergleich beispielsweise zum gesamten Elektronikbereich investiert die österreichische Pharmaindustrie etwa dreimal so viel in Forschung und Entwicklung. Ebenso liegt die Forschungsquote der Automobilbranche (4,4 Prozent) und der Chemieindustrie (2,6 Prozent) deutlich dahinter (FCIO, 2016; Pharmig, 2016).

Die Wertschöpfung der Pharmaindustrie beläuft sich innerhalb Österreichs auf etwa 1,87 Milliarden Euro. Medikamente im Wert von 2,73 Milliarden Euro werden importiert. Der Exportwert liegt bei rund 2,28 Milliarden Euro. Die Pharmaindustrie hat in den vergangenen Jahren das Wachstumstempo verlangsamt, liegt aber trotzdem noch über dem Industriedurchschnitt. Die Umsatzentwicklung wird durch Preiseinbußen gedämpft (Wolf, 2013). Der österreichische Preis für Arzneimittel liegt unterhalb des europäischen Durchschnitts. Am teuersten sind Arzneimittel pro Packung in Deutschland, am günstigsten in Rumänien (Österreichische Apothekerkammer, 2016a). Im Vergleich zum internationalen Pharmamarkt ist Österreich ein eher kleiner Pharmastandort mit einem Anteil am EU-Branchenumsatz von 1,5 Prozent. Die bedeutsamsten Pharmahersteller in Europa kommen aus der Schweiz, Deutschland und Frankreich (Wolf, 2013).

Die drei umsatzstärksten Pharmaunternehmen in Österreich sind die Sandoz GmbH mit 1,6 Milliarden Umsatz und 4.000 Mitarbeitern, gefolgt von der Herba

Chemosan Apotheker AG mit einem Umsatz von 1,2 Milliarden Euro und 756 Beschäftigten. An dritter Stelle liegt die Boehringer Ingelheim RCV GmbH & Co KG mit einem Jahresumsatz von 931 Millionen Euro und 1.955 Mitarbeitern (Trend 500, 2016). Die Sandoz GmbH ist Teil des Novartis-Konzerns mit Sitz in Kundl, Tirol. Sandoz ist der größte österreichische Pharmahersteller und Exporteur. Global gesehen ist Sandoz einer der wichtigsten Antibiotikahersteller mit der in der westlichen Welt einzigen vollintegrierten Produktion von Penicillin. Die Sandoz-Niederlassung in Tirol ist weltweit der größte Entwicklungs- sowie Produktionsstandort des Unternehmens. Pro Jahr werden zirka 190 Millionen Arzneimittelpackungen erzeugt und in mehr als hundert Länder verkauft. Sandoz zeichnet sich durch Forschung und Know-How im Bereich Biotechnologie aus, welches die Grundlage für den neuen Geschäftsbereich „Biosimilars,, darstellt (Sandoz, 2016). Die Herba Chemosan Apotheker GmbH ist der in Österreich führende Pharmagroßhändler und weltweit eines der wenigen Pharmagroßhandelsunternehmen mit einem Marktanteil von 43 Prozent und Lieferbeziehungen zu rund 90 Prozent der österreichischen Apotheken. Mit sieben Logistikzentren in Österreich bildet das Unternehmen das dichteste Distributionsnetzwerk und beliefert Apotheken innerhalb von 90 Minuten mit Arzneimitteln und Gesundheitsprodukten (Herba Chemosan, 2016). Die an dritter Stelle liegende Boehringer Ingelheim RCV GmbH & Co KG ist Teil des globalen Unternehmens Boehringer Ingelheim, welches zu den 20 weltweit größten Pharmaunternehmen gehört. Die in Wien stationierte Boehringer Ingelheim RCV GmbH & Co KG ist ein internationales Forschungszentrum mit dem Fokus Onkologie und beinhaltet zudem ein Zentrum für biopharmazeutische Entwicklung und Produktion von Arzneimitteln im Bereich Humanpharma und Tiergesundheit (Boehringer Ingelheim, 2016).

Ungefähr die Hälfte des Umsatzvolumens der Pharmaindustrie wird von den Österreichniederlassungen von Novartis (Sandoz) und Baxter generiert und diese beschäftigen zudem mehr als die Hälfte aller Beschäftigten der österreichischen Pharmaindustrie (Wolf, 2013). Die erfolgreichsten vier Pharmaunternehmen Österreichs, Novartis (Sandoz), Herba Chemosan, Boehringer Ingelheim und Baxter, erwirtschaften zusammen rund 80 Prozent des Branchenumsatzes (Wolf, 2013). Die österreichische Pharmawirtschaft selbst sieht ihre Ziele vor allem in der Transparenz und der Kostenwahrheit im Gesundheitswesen. Aktuell soll die Spitalslastigkeit in Richtung des niedergelassenen Bereichs verlagert werden. Zudem wird eine volkswirtschaftliche Kosten-Nutzen-Rechnung der Gesundheitsausgaben angestrebt und ein unbürokratischer Zugang zu innovativen Medikamenten für Patienten soll geschaffen werden (FICO, 2016).

2.6.2 Trends

Digital Pharma und Service beyond the Pill: Vertriebskanäle für Arzneimittel und medizinisches Zubehör außerhalb von Apotheken werden immer wichtiger. Immer mehr Menschen kaufen Medikamente beispielsweise über das Internet. Die

Pharmabranche ist sich dessen bewusst, dass der alleinige Vertrieb beziehungsweise Verkauf von Produkten in Zukunft nicht mehr ausreichend sein wird. Zudem ist die Pharmaindustrie durch steigende Gesundheits- und Arzneimittelkosten gezwungen technologische Innovationen zu adaptieren. Es wird immer mehr zum Ziel der Pharmaindustrie neben verkauften Produkten Patienten zusätzliche so genannte „Services beyond the Pill" anzubieten. Beispielsweise können Patienten mittels Apps oder Wearables Daten bezüglicher ihrer Gesundheit, ihrer Therapie oder ihren Medikamenten außerhalb von klinischen Umgebungen sammeln. Diese Daten können bei Bedarf von Ärzten und Pharmazeuten überwacht werden.

In Österreich startete mit Ende des Jahres 2015 die Einführung der elektronischen Gesundheitsakte (ELGA). Das System, welches Schritt für Schritt von Bundesland zu Bundesland eingeführt wird, ermöglicht Ärzten sowie Patienten die digitale Verfügbarkeit von Befunden und Krankenakten und soll Zeit, Kosten und unnötige Mehrfachuntersuchungen einsparen (ELGA, 2016). In Großbritannien sollen Patientenakten in den nächsten Jahren komplett digital verfügbar gemacht werden. Patienten haben dann die Möglichkeit ihre Krankenakte mit Daten aus Health-Apps oder Wearables selbstständig zu ergänzen. Zum einen bringt diese Digitalisierung eine große Menge an Daten, welche die Pharmaindustrie nutzen kann, um bestehende Medikamente zu adaptieren oder neue zu entwickeln, und zum anderen müssen Patienten teils nicht mehr in Krankenhäusern oder Kliniken bleiben und können ihre Therapie von zuhause absolvieren (Levy, 2015). Somit werden Kosten gesenkt und Behandlungsmethoden effektiver gestaltet.

Service beyond the Pill gilt als vielversprechendes neues Geschäftsmodell in der Pharmaindustrie, welches das Werteversprechen am Pharmamarkt revolutionieren soll (Wartenberg, 2015; IBM, 2011). Digital Pharma betrifft jedoch nicht nur die Pharmaindustrie alleine, eine Kooperation zwischen Ärzten, Pflegepersonal und etlichen weiteren Stakeholdern ist erforderlich, um eine informationsbasierte Versorgung zu ermöglichen. Zudem kann durch eine datenbasierte, integrierte Versorgung die Behandlung komplexer chronischer Erkrankungen potenziell verbessert werden. Durch die Digitalisierung und Servicierung wird Medizin präziser und durch neue Diagnosemöglichkeiten und -techniken können Krankheiten gezielt erkannt werden und eine darauf basierende rationale Verschreibung kann innerhalb kürzester Zeit erfolgen (Wartenberg, 2015).

Stammdatenmanagement und Track and Trace: Die grundlegende Aufgabe der Pharmaindustrie ist die Gewährleistung und Steigerung des Patientenwohls und die Sicherstellung der Qualität der auf den Markt gebrachten Produkte. Parallel dazu sollen jedoch die Produktions-, sowie die Entwicklungskosten gesenkt werden, der Vermögenswert gesteigert und die Investitionen sichergestellt werden. Ziel in der Pharmaindustrie ist die Optimierung pharmazeutischer Prozesse. Zudem steigt die Anzahl gefälschter Produkte und Arzneimittel. Diese

Fälschungen rasch zu erkennen und diese vom Markt zu nehmen ist ein weiteres Ziel zahlreicher Pharmaunternehmen. Zur Erreichung dieser Ziele werden zunehmend genaue und hochwertige Daten in Echtzeit benötigt. Um die Produktqualität sicherstellen zu können spielt die Serialisierung eine wichtige Rolle, wodurch die einzelnen Produkte mit Seriennummern erkennbar gemacht werden. Werden diese Produkte mittels Sensoren mit dem Internet verknüpft, kann man beispielsweise den Ort und den Zustand (z.B. Temperatur oder Feuchtigkeit) des Produktes jederzeit ermitteln und somit den gesamten Lebenszyklus rekonstruieren. Die Verfügbarkeit von Echtzeitdaten über ein Produkt wird als Track and Trace bezeichnet. Mittels RFID wird die automatische Identifikation und Lokalisierung von Produkten ermöglicht. Dadurch können gefälschte Pharmazeutika schnell ermittelt werden (Walch, 2015).

Die Pharmaindustrie ist eine sehr datenintensive Branche, deshalb stellt das Stammdatenmanagement eine essentielle Herausforderung dar. Stammdatenmanagement umfasst alle strategischen, methodischen, organisatorischen und technologischen Aktivitäten eines Unternehmens in Bezug auf seine Daten. Ziel des Stammdatenmanagements ist die Maximierung sowie die langfristige Sicherung der Datenqualität. Laut einer Studie der Universität St. Gallen und Camelot Management Consultants weist die Pharmaindustrie in Bezug auf ihr Stammdatenmanagement im Vergleich zu anderen Sektoren keinen hohen Reifegrad auf. Als Grund wird die Inkonsistenz der Daten genannt (Packowski et al., 2012).

Für Unternehmen ist vor allem die Einhaltung der Compliance Anforderungen herausfordernd, da diese im Pharmabereich besonders hoch sind und zwischen einzelnen Ländern variieren. Durch die Entwicklung des Industrial Internet of Things, welches Stammdaten erzeugt und nutzt, sieht die Pharmaindustrie eine hohe Notwendigkeit der Einführung eines konsistenten Datenmanagements. Durch neue Technologien und Fertigungsmaschinen mit Sensoren oder erweiterter Realitäten wie Smart Glasses werden neue Stammdaten gesammelt und bestehende Stammdaten werden durch den hohen Grad der Individualisierung mittels Industrie 4.0 verändert. Die Einführung eines zuverlässigen Stammdatenmanagements ist unter anderem deshalb so wichtig, weil es eine für das IIoT notwendige einheitliche Sprache zur Verfügung stellt. Das Stammdatenmanagement der Pharmaindustrie muss, um in der Welt des Industrial Internet of Things bestehen zu können, eine Strategie entwickeln, welche Kriterien wie Anpassungsfähigkeit und Flexibilität erfüllt, um auf Veränderungen schnellstmöglich reagieren und um Geschäftsprozesse effizient sowie ressourcenschonend gestalten zu können (Walch, 2015).

Empowered Patients: Dadurch, dass moderne Patienten zunehmend besser informiert sind, kommt ihnen mehr Macht zu. Durch die Möglichkeit zahlreicher Online-Informationen und Beratungsstellen müssen Patienten Ärzten und der Pharmaindustrie nicht mehr blind vertrauen und haben eine größere

Verhandlungsmacht. Patienten entscheiden nunmehr mitunter selbst, welches Medikament bzw. von welchem Hersteller sie das Arzneimittel nehmen und vor allem auch, ob es sich dabei um ein Originalpräparat handelt oder um ein Generikum.

Allgemein ist ein starker Trend in Richtung Generika und Biosimilars erkennbar, welcher großen Einfluss auf die Pharmaindustrie hat (Management Engineers & Insead, 2010). Als Generika werden Nachfolgemedikamente bezeichnet, welche zwar denselben Wirkstoff wie das entsprechende Originalpräparat aufweisen, sich jedoch bezüglich des Hilfsstoffes und des Aussehens unterscheiden können. In der Regel sind Generika deutlich günstiger als Originalpräparate, da die Kosten für Forschung und Entwicklung beinahe gänzlich wegfallen. Generika kommen meist nach Auslauf der Patente der Originalpräparate auf den Markt (PharmaWiki, 2016). Biosimilars sind nicht wie oftmals fälschlich angenommen „Bio-Generika". Biosimilars sind Nachfolgeprodukte biotechnologisch hergestellter Arzneimittel, welche einem biologisch hergestellten Originalprodukt ähnlich sind. Im Vergleich zu chemisch hergestellten Arzneimitteln sind Biosimilars hochkomplizierte, große Moleküle. Diese werden laut der österreichischen Apothekenkammer in Zukunft einen Großteil der medikamentösen Versorgung ausmachen (Österreichische Apothekerkammer, 2016b). Durch den steigenden Einsatz von Generika und auslaufende Patente sehen viele angestammte Unternehmen der Pharmaindustrie hohe Umsatzeinbußen, da im Vergleich zu Originalpräparaten Generika nur etwa die Hälfte des Umsatzes generieren. Im Durchschnitt dauert es etwa sieben Monate nach Auslaufen des Patentschutzes bis ein Generikum auf dem Markt ist.

Durch neue Technologien können Patienten zudem bereits aktiv in den Entwicklungsprozess der Pharmaindustrie miteingebunden werden. Beispielsweise können auf Onlineplattformen oder durch soziale Medien passende Patienten für Studien rekrutiert werden. Patienten bereits in den Entwicklungsprozess miteinzubeziehen reduziert Kosten und beschleunigt den Weg zur Marktzulassung. Zudem können besser auf Patientenbedürfnisse abgestimmte Medikamente entwickelt werden (Levy, 2015).

Netzwerkpartnerschaften: Da die Ausgaben für Forschung und Entwicklung sehr hoch sind und die Entwicklungsdauer im Arzneimittelbereich sehr lange ist (im Schnitt dauert es 13 Jahre, bis ein Medikament auf den Markt kommt (vfa, 2016)), besteht ein starker Trend zu Outsourcing und Kooperationen. Die Pharmabranche war bisher durch eigenständige Forschung unter Abschirmung der Konkurrenz gekennzeichnet. Jedoch werden aufgrund der hohen F&E Kosten und des hohen Risikos immer mehr Kooperationen unter Firmen geschlossen. Der Trend geht Richtung Netzwerkbildung und Kombinationsstudien. Die enormen Kosten und Risiken von Neuentwicklungen lassen Pharmaunternehmen auf Grund der vorherrschenden wirtschaftlichen Lage zurückhaltender investieren. Durch diese Entwicklung entstehen neue Formen der Kooperation und

Kollaboration. Ein weiterer Trend in diesem Bereich ist, dass immer mehr große Pharmaunternehmen kleine, innovative Start-Ups aufkaufen, um die eigene Forschung voranzutreiben (Levy, 2015). Generell wird in der Pharmaindustrie vorhergesagt, dass Start-Ups und disruptive Unternehmen den Markt und das Unternehmensumfeld verändern (Mesko, 2016).

2.6.3 Veränderungspotenziale durch die Entwicklung zum Industrial Internet of Things

Dass das Industrial Internet of Things das Potential hat die Pharmaindustrie zu revolutionieren, ist unumstritten. Viele Experten sind sich jedoch einig, dass die Pharmaindustrie noch etwas Zeit braucht, um sich auf diesen Trend einzustellen. Es wird prognostiziert, dass die Digitalisierung erst in etwa 15 Jahren, somit erst 2030 auf der Agenda der Branche zu finden sein wird (Vgl. Telgheder, 2015; Packowski et al., 2015; Bock, 2015). Obwohl viele technologische Neuerungen bereits zur Verfügung stehen, werden sie in der Praxis noch selten angewandt.

Die größte Veränderung durch das Industrial Internet of Things in der Pharmaindustrie in den nächsten Jahren wird im Bereich Logistik und Supply Chain Management prognostiziert. Hierbei spielt **Track and Trace** die wichtigste Rolle. Mit neuen IIoT basierten Technologien lassen sich alle Pharmaprodukte mittels eines Erkennungscodes und Sensoren über die gesamte Lieferkette – von der Produktion zum Verbraucher – verfolgen. Dadurch sind Arzneimittel eindeutig identifizierbar und Fälschungen können leichter ausgeschlossen werden (Packowski et al., 2015).

Die **Nutzung von Big Data** hat starken Einfluss auf den Forschungs- und Entwicklungsbereich der Pharmaindustrie. Durch eine effiziente Nutzung und Analyse von Big Data können neue Medikamente schneller identifiziert werden und deren Entwicklung rasch vorangetrieben werden. Studien können in Echtzeit aufgezeichnet werden und durch die sofortige Auswertung der Daten können mögliche Risiken ebenso in Echtzeit festgestellt werden. Zudem können digital erfasste Daten sofort ausgewertet und mit anderen geteilt werden (McKinsey & Company, 2013).

Vor allem der F&E Bereich der Pharmaindustrie kann durch die Nutzung von **Augmented und Virtual Reality** profitieren. Virtuelle, digitale, sowie 3-dimensionale (Zusatz-)Informationen über Arzneimittel und deren mögliche Wirkungen und Nebenwirkungen können durch IoT basierte Technologien wie Google Glass, Google Digital Contact Lenses oder Microsoft Hololense gewonnen werden. Patienten können Beipackzettel und sonstige Informationen über das Produkt direkt vor der Einnahme digital und 3-dimensional direkt vor deren Auge lesen. Zudem kann die Nutzung von Cognitive Computers, wie jener von IBM Watson, und Artificial Intelligence in Kombination mit Big Data die Forschung und Entwicklung neuer Medikamente erleichtern. Zugleich kann

42

dadurch in Zukunft vielleicht gänzlich auf Experimente mit Menschen verzichtet werden, da die menschliche Reaktion und seine Psyche simuliert werden können (Mesko, 2016).

Zudem ermöglicht das Industrial Internet of Things die **Erstellung personalisierter, individualisierter Arzneimittel**. Durch die digitale Erfassung persönlicher Patientendaten und deren genetischer Informationen und die Nutzung von Big Data können besser auf Patientenbedürfnisse angepasste Medikamente und Therapien entwickelt werden. Außerdem sollen Medikamente in Zukunft direkt mittels **3-D Drucker** in Apotheken produziert werden. Somit fallen große Lagerbestände in Apotheken weg und der Patient erhält ein auf ihn angepasstes Medikament in optimaler individueller Dosierung.

Außerdem haben **Körpersensoren** große Auswirkungen auf die Pharmaindustrie. Körpersensoren messen wichtige Werte schnell, günstig und in Echtzeit. Sensoren können entweder äußerlich, beispielsweise in Form kleiner, selbstklebender Body-Tattoos angebracht werden, oder aber auch in Form von Tabletten verschluckt werden und Werte innerhalb des Körpers messen. Diese Sensoren ermöglichen auf den Patienten angepasste Therapien und die Kontrolle wichtiger Daten, ohne dass Patienten an Maschinen angeschlossen werden oder in Kliniken sein müssen (Parton & Gyselinckx, 2009; Mesko, 2016).

IIoT hat Einfluss auf …		Begründung der Einschätzung u. Beispiele
Produkte / Dienste	●●●	Um auch in Zukunft wettbewerbsfähig zu bleiben müssen Pharmaunternehmen vermehrt auf Serviceleistungen anstelle des reinen Produktverkaufs setzen.
		• Sogenannte Services Beyond the Pill sollen Patienten einen zusätzlichen Mehrwert bieten. Die Koppelung von zusätzlichen Serviceleistungen mit herkömmlichen Arzneimitteln ist der Fokus der aktuellen Entwicklung. Serviceleistungen werden beispielsweise mittels Apps, Wearables und sonstigen Sensoren angeboten – Sensoren, welche wichtige Patientenwerte aufzeichnen und dem Patienten, aber auch dem Arzt oder Pharmazeuten mittels App übermitteln und anzeigen. Einerseits entsteht somit die Möglichkeit der besseren Selbstkontrolle und andererseits können Mediziner bei schlechten Werten schneller eingreifen und die Therapie frühzeitig anpassen. Jedoch dienen Sensoren und Apps nicht nur der Behandlung akuter Erkrankungen, sondern können auch zur Prävention von Krankheiten dienen.
		• Die Produkte selbst werden durch Track and Trace sicherer und Fälschungen können schneller und leichter erkannt und vom Markt genommen werden. Durch die kontinuierliche Überwachung kann auch die Qualität von Arzneimitteln zuverlässig sichergestellt werden.
Prozesse	●●●	Der Forschungs- und Entwicklungsbereich sowie die Herstellungs-, als auch die Wertschöpfungs- und Logistikprozesse werden durch die Entwicklung des IIoT teils stark beeinflusst.

		<ul><li>Die Forschung und Entwicklung verändert sich vor allem durch die Nutzung von Big Data. Durch die Verfügbarkeit von umfangreichen Echtzeitdaten kann die Entwicklungsdauer verkürzt und das Risiko minimiert werden.</li><li>Ebenso entstehen durch das gemeinsame Interesse und die gemeinsame Nutzung von Big Data oftmals brancheninterne Kooperation, aber auch branchenübergreifende Zusammenarbeit und neue Kooperationsnetzwerke. In den letzten Jahren kooperiert die Pharmaindustrie verstärkt mit der Elektronikindustrie, um neuen (Body-)Sensoren zu entwickeln, oder um klinische Studien anstelle von Menschen mit computerbasierten Technologien wie Artificial Intelligence durchzuführen. Ebenso spielt die Software-Entwicklung im Bereich von Health-Apps eine wichtige Rolle. Eine weitere Kooperation entsteht mit Cloud-Anbietern. Ein weltweitführender Pharmakonzern (Pfizer) steuert bereits die gesamte Wertschöpfungskette via Cloud-Plattform und kooperiert zugleich auf dieser mit einer Vielzahl weiterer Unternehmen anderer Branchen.</li><li>Der Herstellungsprozess wird durch die Nutzung von 3-D Druckern völlig verändert. Arzneimittel können bei Bedarf auf den Patienten angepasst hergestellt werden. Apotheken sind dafür prädestiniert, diesen Herstellungsschritt zu übernehmen.</li><li>Kunden haben durch mehr für sie verfügbare Informationen eine stärkere Verhandlungsmacht. Deshalb werden Kunden auch vermehrt direkt in den Entwicklungsprozess von Medikamenten miteingebunden.</li><li>Durch die Sammlung operativer Echtzeitdaten und in Verknüpfung mit Business Intelligence können Daten analysiert werden und dienen somit zur Optimierung des Produktionsprozesses.</li></ul>Der Distributions- und Logistikprozess verändert sich durch die permanente Verfügbarkeit von Echtzeitdaten durch Track and Trace. Der gesamte Verlauf eines Arzneimittels kann jederzeit automatisiert verfolgt werden.
Ertragsmodell	●	Das Ertragsmodell selbst verändert sich durch das Industrial Internet of Things kaum.<ul><li>Durch das Auslaufen von Patenten kommen mehr Generika und Biosimilars auf den Markt, welche den Umsatz der gesamten Branche monetär verringern.</li><li>Im App-, Wearable- und Sensorenbereich sind neue Ertragsmodelle möglich. Die Nutzung von zusätzlichen digitalen Services kann entweder an den Kauf von Arzneimitteln gekoppelt sein, oder völlig eigenständig. Demnach kann das Erlösmodell für Apps, Wearables und Sensoren beispielsweise auf einem Freemium oder Abo-Modell basieren.</li><li>Zudem strebt die Pharmaindustrie den Direktverkauf von Arzneimitteln an. Ziel wäre es den Großhandel zu umgehen und direkt an Apotheken zu verkaufen. Dadurch könnten nicht nur Kosten gespart werden, sondern auch Informationen über die verkauften Stückzahlen der einzelnen Apotheken. Durch diese Informationen können Rückschlüsse auf die vom Arzt verschriebenen Medikamente gezogen werden und gezieltere Marketingstrategien können erarbeitet werden.</li></ul>Rezeptfreie Medikamente werden zudem immer mehr über das Internet vertrieben. In Zukunft könnten somit Apotheken ersetzt werden. Zurzeit ist jedoch der Versand rezeptpflichtiger Medikamente in Österreich nicht erlaubt. Mittels digital verfügbaren Krankenakten, Befunden und

		Rezepten könnte sich der Vertriebsweg jedoch in Richtung Internet verschieben.
Zielkunden	●●	Das Industrial Internet of Things kann mitunter große Veränderungen im Bereich der Kundenbeziehungen sowie der Zielkunden selbst mit sich bringen.

> - Zurzeit ist die Pharmaindustrie durch eine B2B Struktur gekennzeichnet. Es ist durchaus vorstellbar, dass Pharmaunternehmen in Zukunft mittels neuen Vertriebskanälen – wie etwa über das Internet – vermehrt direkt an Endkunden verkaufen. Somit würde sich die Struktur von einem reinen B2B zu einem kombinierten B2B und B2C Modell verändern.
>
> - Da die Verhandlungsmacht der Kunden stärker wird, werden diese nun auch in den Entwicklungs- und Herstellungsprozess miteingebunden, wodurch neue Kundenbeziehungen entstehen.
>
> Durch die Möglichkeit personalisierter Medikamente und Therapien werden längerfristige Kundenbeziehungen wahrscheinlicher.

Tabelle 9: Veränderungspotenzial der Pharmaindustrie durch die Entwicklung zum Industrial Internet of Things (eigene Darstellung)

2.7 Papierindustrie

2.7.1 Profil des Sektors

Die Papierindustrie umfasst die Herstellung von Papier, Karton und Zellstoff. Häufig wird auch die Holzgewinnung dazu genommen (vgl. Dispan, 2013). Die Branche der österreichischen Papiererzeugung und -verarbeitung umfasst 141 Unternehmen, wovon 33 der Papiererzeugung zuzuordnen sind und 108 Unternehmen im Bereich der Papierverarbeitung tätig sind (Bank Austria, 2015). Viele der österreichischen Unternehmen haben sich auf spezielle Papiersorten spezialisiert; beispielsweise ist die Papierfabrik Wattens GmbH & Co KG auf Dünndruck- und Zigarettenpapiere spezialisiert, die Merckens Karton- & Pappenfabrik GmbH auf Grau-, Hart- und Schuhgelenkpappe und die Norske Skog Bruck GmbH sowie die UPM Steyrermühl GmbH auf Zeitungsdruckpapier (Austropapier, 2016). Dem Bereich Papiererzeugung und Papierverarbeitung werden rund 16.800 Beschäftigte und 6,1 Milliarden Euro Umsatz zugeordnet (Bank Austria, 2015). Bezogen auf ihren Umsatz gehören die Mayr-Melnhof Karton AG, die Constantia Flexibles Group sowie die Norske Skog Bruck zu den drei größten Unternehmen in Österreich (Bank Austria, 2015).

Österreich gehört zu den 10 größten Papierexportländern der Welt (Comtrade Database in Dispan, 2013); es ist mit Schweden und Finnland eines der drei wichtigsten Länder, aus denen Deutschland Papier importiert (Dispan, 2013): „Europaweit werden rund 100 Millionen Tonnen Papier hergestellt, davon hält die Alpenrepublik mehr als fünf Millionen Tonnen des europäischen Produktionsvolumens" (Austria Export, o.J.). Die österreichische Papierindustrie ist damit ein wichtiger Player im österreichischen Export (Austria Export, o.J.): „Am Umsatz gemessen kann die österreichische Papierindustrie mit der Stahl- bzw. Eisenindustrie verglichen werden und zählt zu den wichtigsten Aktivposten des österreichischen Außenhandels. Bemerkenswert ist hierbei die Exportquote von fast 90 Prozent, welche die heimische Außenhandelsbilanz mit über 3 Milliarden Euro stärkt."

Die Abhängigkeit von und Zusammenarbeit mit den Entwicklungen der Forst- und Holzindustrie oder auch der Chemieindustrie/Prozessindustrie ist eng, so dass es hier auch eigene Kooperationsplattformen gibt (Forst Holz Papier, 2016). So ist die Papierindustrie eng in ökologische Entwicklungen und auch in die Energieherstellung eingebunden. Die österreichische Papierindustrie verwendet mit 2,3 Millionen Tonnen im Jahr 2015 mehr Altpapier als in Österreich gesammelt wird, obwohl der Rücklauf recht hoch ist (Austropapier, Statistiken 2015/2016). In Österreich haben Papierprodukte eine Halbwertszeit von 4,63 Jahren, diese berechnet sich aus der geschätzten Dauer der Nutzung und Höhe des Recyclinganteils von Papier. Die Halbwertszeit von österreichischen Papierprodukten liegt damit doppelt so hoch wie im Kyoto-Protokoll veranschlagt, d.h. Papierprodukte werden im hohen Maße recycelt und wiederverwendet (Bird, 2013).

Auch die österreichische Papierindustrie ist massiv von Rohstoff- und Energiepreisen abhängig. Seit 2009 gingen die Energiepreise zurück, durch die Förderung von Biomasseanlagen und der damit verbundenen inländischen Holzverknappung stiegen jedoch die Kosten für den Rohstoff Holz (Asamer, 2015). Insbesondere in der erstarkenden Papierproduktion in China wird dabei in Europa die zunehmende Konkurrenz gesehen (Dispan, 2013). Die Nachfrage nach Papier in Österreich stagniert (Wirtschaftskammer Österreich, 2014), weltweit wächst die Nachfrage nach Papier jedoch (Bank Austria, 2015). Der Branchenbericht der Bank Austria konstatiert dabei für die österreichische Papierindustrie: „Leichtes Wachstum 2014 und keine weitere Beschleunigung 2015" (Bank Austria, 2015).

2.7.2 Trends

Folgende Trends sind derzeit für die Papierindustrie (inkl. Karton und Zellstoff) in Österreich bedeutsam. Innerhalb der Branche gibt es dabei zunächst ganz **unterschiedliche Entwicklungen nach Papiersorten** in Bezug auf Absatzmöglichkeiten und Entwicklungen zu konstatieren (Dispan, 2013).

Eine Folge der Digitalisierung in Form der **Substitution von Printmedien durch elektronischen Medien** ist eine Stagnation der Branche – seit 2006 wurde der Produktionsoutput nicht mehr erhöht (Asamer, 2015; Austropapier, 2013). Das oftmals prophezeite „papierlose Büro" hat sich aber nicht oder nur zum Teil durchgesetzt (Bank Austria 2015). Wesentlich ist dabei die Substitution von Print- durch elektronische Medien; sie hat einige Papiersorten-Hersteller (Magazine, Zeitungen, graphische Produkte) in Bedrängnis gebracht, wenn auch zuletzt nicht mehr so stark. Neue Medien haben damit den Bedarf an Zeitungspapier verringert, aber bei weitem nicht ersetzt. Papier ist und bleibt ein wesentlicher Bestandteil der heutigen Mediengesellschaft. Trotz des Anstiegs digitaler Medien und elektronischer Ausstattung wird Papier als unverzichtbares Kommunikationsvehikel eingestuft (Bank Austria, 2015). Zusätzlich fördert der Handel im Internet und auf elektronischen Marktplätzen die Nachfrage nach Verpackungsmaterialien aus Papier und Karton. Diese Nachfrage lässt den Karton- und Papierbedarf geringfügig ansteigen (Bank Austria, 2015).

Durch **Biotechnologie** entwickelt sich die Papierindustrie zunehmend auch in Richtung einer Green Industry im Sinne von Ressourcenschonung und Energieeinsparung (Europäische Kommission, 2004). Wesentlich ist dabei die Entwicklung in Richtung **Bioraffinerie** (Austropapier, 2016). Das sogenannte „Kaskadenszenario", bei dem Holz nicht direkt als Brennstoff in Energie umgewandelt wird, sondern bei dem Holz auf unterschiedliche Weise genutzt wird (z.B. in der Zellstoffindustrie, als Papier, dann Altpapier usw.; in der Bioraffinerie sowie im Biolauge Kraftwerk), wird dabei als Modell betrachtet, bei dem größere Erlöse möglich sind (Austropapier, 2015 und 2016). Gleichzeitig ist es auch ökologisch präferiert und es wird systematisch versucht, die Umsetzung zu unterstützen: „Es ist (...) unumgänglich, eine nachhaltige Holznutzung zu optimieren und die stoffliche und energetische Nutzung gesamtheitlich zu behandeln" (Böhmer u.a., 2014). Auch im Bereich der Forschung spiegelt sich dieser Trend, so förderte die FFG 2014/2015 z.B. Projekte aus der Verfahrenstechnik und innovativer Messtechnik rund um Fasermorphologie, Papiereigenschaften, Enzymanwendung, Alterungsprozesse oder Biozide (Austropapier, 2015).

Es kam und kommt durch die Internationalisierung der Branche in den letzten Jahren insbesondere bei den Spezialisten zu einer **Konzentration der Unternehmen.** Kleine Unternehmen werden zunehmend von internationalen Großkonzernen aufgekauft. Die meist regional stark verankerten Standorte bleiben jedoch bestehen (Bank Austria, 2015; Austropapier, 2015).

Auch in der Papierindustrie halten schließlich Internettechnologien bzw. das **Industrial Internet of Things** Einzug, beispielsweise durch Assistenzsysteme in der Produktion und Condition Monitoring beziehungsweise Instandhaltung 4.0. Das Industrial Internet of Things und die voranschreitende Digitalisierung sind für die Papier- und Zellstoffindustrie aus zwei unterschiedlichen Blickwinkeln zu betrachten. Einerseits, wie bereits beschrieben, schwächen digitale Medien den Papierkonsum. Andererseits bieten Digitalisierung und das Industrial Internet of Things die Möglichkeit die Produktion um ein Vielfaches effizienter zu gestalten und eine bessere Erfüllung individueller und anspruchsvoller Kundenanforderungen (Siemens, 2016). Dennoch sind durch die aktuelle Entwicklung der Branche Investitionen allgemein eher moderat einzuschätzen (vgl. Austropapier, 2015). Begriffe wie „Industrial Internet of Things" oder „Industrie 4.0" finden sich so auch nicht im aktuellen Branchenbericht

(Austropapier, 2015). Die Anpassungen der Anlagen im Sinne von IIoT sind im Allgemeinen wohl häufig eher beiläufig.

Beispielsweise lag der Fokus bei größeren Investitionen von Sappi Europe im Jahr 2014 auf: „Optimierung der Blattbildung durch ein geändertes Entwässerungsverfahren; vierte Walze in der Pressenpartie ausgebaut und so die Runability verbessert; Break Stack in der Trockenpartie verändert und verbesserte Papieroberfläche erreicht; Prozess- und Qualitätsleitsystem sowie das Maschinenantriebssystem durch neueste Technologie ersetzt und für den erweiterten Funktionsumfang aufgerüstet" (Austropapier, 2015). Unternehmen der Branche setzen aber auch ausdrücklich auf IIoT. SCA Hygiene Products hat so unter „Einsatz von Industrie 4.0-Technologien sämtliche Prozesse automatisiert" (Factory.at, 2016). Die fortschreitende Digitalisierung treibt das Wachstum vor allem im Bereich Verpackungen voran. Zentrale Innovationen in der Papierindustrie betreffen vor allem neuartige Hygienepapiere und den Einstieg in Bereiche wie Chemikalien und Textilien durch die Entwicklung und Nutzung neuer Zell- und Faserstoffe. Nicht zuletzt durch die Digitalisierung und das Industrial Internet of Things ist die Papierindustrie in Zukunft gezwungen sich mit innovativen Produkten und neuen Geschäftsmodellen auseinander zu setzen und sich in Richtung „Fiber Industry" weiter zu entwickeln (Siemens, 2016).

2.7.3 Veränderungspotenzial durch die Entwicklung zum Industrial Internet of Things

In der Zellstoff- und Papierherstellung werden vielfältige Maschinen und Technologien eingesetzt. Als anlagenintensive Branche ist sie im Bereich der Prozesse prädestiniert für Veränderungen durch das Industrial Internet of Things. Der Fokus der Anpassungen und Innovationen bei der Produktion liegt jedoch nur zum Teil im Bereich des IIoT. Das Produkt – Zellstoff, Papier, Karton – selbst ist auch keine Technologie und tendenziell IT-fern. Für die Papier- und Zellstoffindustrie ist es wichtig flexibel auf Anfragen reagieren zu können und das Endprodukt effizient und ressourcenschonend zu produzieren. Die Erfüllung dieser Anforderungen wird durch den Einsatz von IIoT Technologien erleichtert (Siemens, 2015).

IIoT hat Einfluss auf …		Begründung der Einschätzung u. Beispiele
Dienste / Produkte	●	Die Produkte Holz, Zellstoff und Papier und dazugehörige Dienstleistungen bieten nur geringe Anbindungen an die Nutzung des Industrial Internet of Things. IIoT-Anwendungen können jedoch für neuartige Services sorgen, unter anderem im Bereich der Logistik durch die Verwendung von entsprechenden Markierungen (RFID) und Logistiksystemen (siehe auch „Prozesse").
		Nach der Einführung von 3D-Druckern, die Holzmehl verwenden (3Druck.com, 2012) sind auch Filamente aus Zellstoff und Papier im Einsatz (Golem.de, 2016). Damit können schneller personalisierte Produktwünsche aus Papier umgesetzt werden – und auch direkt vom

		Endkunden produziert werden.
		Ansonsten sind in der Papierindustrie keine revolutionär neuen Produkte mit IIoT-Bezug absehbar.
Prozesse	●●	Das Industrial Internet of Things beziehungsweise Industrie 4.0 ist kein zentraler Trend der Papierindustrie, so wird es auch *nicht* in den Branchenberichten des Fachverbands erwähnt (z.B. Austropapier, 2015), als anlagenintensive Branche sind entsprechende Veränderungen jedoch inhärent und naheliegend (vgl. Factory.at, 2016).
		IIoT-Technologien ermöglichen auch den Herstellern vermehrt ihre eigenen Prozesse bei der Holz- und Zellstoffherstellung sowie der Papierherstellung zu optimieren, sofern bei der Erneuerung der Anlagen entsprechende Technologien zum Einsatz kommen. Das ist insofern von Bedeutung, wenn damit der Umfang der Zellstoff- und Papierherstellung vergrößert wird oder qualitativ hochwertiger erfolgt und beispielsweise die Ausfälle der Maschinen und Anlagen verringert werden können (Güntner u.a., 2015). Gerade die Messtechnologie spielt dabei in der Papier- und Zellstoffindustrie eine wichtige Rolle (z.B. bei Saugwalzen, Kesselreinigung).
		Beispiele für Veränderungen der Prozesse im Kontext von IIoT und Papierindustrie sind auch die (möglichen) veränderten Planungen und Abrechnungsmodi beim Papierrecycling in Regionen, die ihre Mülltonnen mit Chips ausgestattet haben, z.B. haben die Bezirke Kufstein und Kitzbühel bereits seit einigen Jahren ihre Mülltonnen entsprechend ausgestattet und berechnen Müllgebühren nach dem realen Anfall von Müll (vgl. Wikipedia, 2016). In Großbritannien soll mit Hilfe von Chips an Mülltonnen das Recyclingverhalten analysiert werden (SPIEGEL, 2006).
Ertragsmodell	●	Mittelfristig verändert das IIoT das Ertragsmodell in der Zellstoff- und Papierherstellung nur gering, z.B. könnten Lieferantenprozesse optimiert werden (vgl. Winkler & Obmann, 2015). Es besteht zudem die Möglichkeit, dass sich Papierhersteller zusätzlich zu reinen Produktverkäufen (von Papier) in Richtung Serviceleistungen entwickeln. Es ist vorstellbar, dass Papierproduzenten ein Servicepaket anbieten, welches beispielsweise die automatische Nachbestellung von Papier oder das Nachfüllen von Papier in Maschinen beinhaltet. Dieses könnte neue Ertragsmodelle basierend auf monatlichen Abo-Gebühren mit sich bringen. Solche Servicekonzepte bestehen bislang jedoch nur als Ideen und wurden in Österreich noch nicht in kommerziellem Umfang real umgesetzt.
Zielkunden	○	Die Zielkunden der Zellstoff- und Papierherstellung dürften sich durch IIoT-Entwicklungen nicht gravierend ändern. Durch die Verbreitung von Webtechnologien und Online-Handel sind Anpassungen im Bereich der Logistik möglich. Denkbar ist beispielsweise, dass die Papierhersteller auch Segmente der Distribution und Logistik beim Endkunden übernehmen. Eine Veränderung im Bereich der Zielkunden könnte sich beispielsweise durch die Weiterentwicklung von 3D Druckern mit Zellstoffen ergeben. Es gibt bereits erste Prototypen, welche Formen aus Zellstoff oder mit Zellstoffanteil herstellen (Vgl. LAYWOO-D3). Diese sind jedoch noch nicht weit verbreitet und somit ist auch eine Abschätzung der Zielgruppenveränderung nicht möglich. Real ändern sich die Zielkunden bislang nicht.

Tabelle 10: Veränderungspotenziale der Papierindustrie durch die Entwicklung zum Industrial Internet of Things

LITERATURVERZEICHNIS

AEIO (2016): Mikroelektronik - Austria-Forum, das Wissensnetz, TU Graz. Online verfügbar unter: http://austria-forum.org/af/AEIOU/Mikroelektronik

Angehrn, Philipp; Siepen, Sven; Lässig, Ralph; Herweg, Oliver (2013): Evolution of Service In: think.act Content, Fresh thinking for decision makers, Roland Berger Strategy Consultants. Online verfügbar unter: http://www.rolandberger.de/media/pdf/Roland_Berger_taC_Evolution_of_Service_20140107. pdf

Asamer, Gerald (2015): Auswirkungen der Förderung von Biomasseanlagen auf die österreichische Papierindustrie. Hamburg: Diplomica.

Austria Export (o.J.): Papier und Zellstoff. Beitrag von Sandra Hollersbacher. Online verfügbar unter: http://www.austria-export.biz/branchen/papier-zellstoff-343649

Austropapier (2013): Jahresbericht der Papierindustrie. Online verfügbar unter: http://www.papierholz-austria.at/_images/infocenter/Nachhaltigkeitsbericht_2013.pdf

Austropapier (2015): Papier aus Österreich. Branchenbericht 2014/2015. Online verfügbar unter: http://www.papierholz-austria.at/de/infocenter/G00_Branchenbericht14-15_ges.pdf

Austropapier (2016): Homepage. Online verfügbar: http://www.austropapier.at/

Bank Austria (2014): Branchenbericht 2014: Maschinenbau, April 2014. Online verfügbar unter: https://www.bankaustria.at/files/Maschinenbau.pdf

Bank Austria (2015): Papiererzeugung und Papierverarbeitung. Branchen Bericht Bank Austria Economics & Market Analysis Austria, Jänner 2015. Online verfügbar unter: https://www.bankaustria.at/files/Papiererzeugung_und_verarbeitung.pdf

Bentenrieder, Matthias; Stolz, Lars; Reiner, Jürgen; Möller, Christoph (2016): Will digital spark a new automotive industry? In: Wyman, Oliver: The Automotive Manager. pp. 4-8. Online verfügbar unter: http://www.oliverwyman.de/content/dam/oliver-wyman/global/en/2016/july/Automotive%20Manager/Oliver-Wyman-2016-Automotive-Manager.pdf

Bird, David Neil (2013): The benefits of using an Austrian specific model for emissions from paper products. Projekt Smart Forests. Online verfügbar unter: http://smartforests.at/linked/d.05_hwp_-_paper_accounting.pdf

Bock, Alexander (2015): Digitalisierung – Zukunftstrend und Prozessbaustelle in der Pharmaindustrie. Online verfügbar unter: http://www.bearingpoint.com/de-de/news-room/pressemitteilungen/digitalisierung-zukunftstrend-und-prozessbaustelle-in-der-pharmaindustrie/

Bosch White Paper (2014): Capitalizing on the Internet of Things – how to succeed in a connected world. Bosch Connected World, White Paper Series Part I: Internet of Things Strategy. Online verfügbar unter: https://www.bosch-si.com/de/internet-der-dinge/iot-download/iot-informationsmaterial.html

Böhme, Theresia; SAP (2015): Internet der Dinge verbessert globale Energieeffizienz. Online verfügbar unter: http://news.sap.com/germany/2015/08/26/internet-der-dinge-energieeffizienz/

Böhmer, Siegmund; Gössl, Michael; Krutzler, Thomas & Pölz, Werner (2014): Effiziente Nutzung von Holz: Kaskade versus Verbrennung. Umweltbundesamt Wien. Online verfügbar unter: http://www.umweltbundesamt.at/fileadmin/site/publikationen/REP0493.pdf

Boehringer Ingelheim (2016): Boehringer Ingelheim RCV GmbH & Co KG – Organisation. Online verfügbar unter: https://www.boehringer-ingelheim.at/company_profile/organisation.html

Bruner, Jon (2013): Industrial Internet. The Machines are talking. Sebastopol, USA: O'Reilly

Media.

Bundesministerium für Wissenschaft, Forschung und Wirtschaft, bmwfw (2015): Wirtschaftsbericht Österreich 2015. Online verfügbar unter: http://www.bmwfw.gv.at/Wirtschaftspolitik/Wirtschaftspolitik/Documents/Wirtschaftsbericht2 015.pdf

Bundesministerium für Verkehr, Innovation und Technologie (BMVIT) (2014): Die ganze Bandbreite des Lebens – Ein Masterplan zur Breitbandförderung. Online verfügbar unter: https://www.bmvit.gv.at/telekommunikation/breitband/publikationen/breitbandoffensive.html

Bundesministerium für Verkehr, Innovation und Technologie (bmvit): Österreichs erste Pilotfabrik für Industrie 4.0, Online verfügbar unter: https://www.bmvit.gv.at/service/faktenblaetter/industrie40_pilotfabrik.pdf

Bundesministerium für Verkehr, Innovation und Technologie (BMVIT); Fachverband der Elektro- und Elektronikindustrie (FEEI) (2016): Electronic Based Systems – Die technologischen Helden der Zukunft – Zahlen, Daten, Fakten. Online verfügbar unter: https://www.bmvit.gv.at/service/publikationen/innovation/downloads/electronic_based_syste ms.pdf

Celko, Max; Jánszky, Sven, Gábor (2014): Die Zukunft des stationären Handels. Trendstudie der 2b AHEAD ThinkTank GmbH. Online verfügbar unter: http://2bahead.com/fileadmin/content/janszky/pdf/Trendstudie_Die_Zukunft_des_stationaere n_Handels_klein.pdf

CIMA (2015): Kaufkraft- und Einzelhandelsstrukturuntersuchung im Bundesland Salzburg. Online verfügbar unter : https://service.salzburg.gv.at/lkorrj/XBeilage?cmd=dateiAusliefern&klasse=beilagen.ABeilag en&beilagenid=499&nachrid=54169

Deutsche Kommission für Elektrotechnik, Elektronik und Informationstechnik (2015): Industrie 4.0 – Die neue industrielle Revolution (Video). Online verfügbar unter: https://www.youtube.com/watch?v=FUbrH_9C07U

Dispan, Jürgen (2013): Papierindustrie in Deutschland, Branchenreport 2013, Heft 2/2013. Online verfügbar   unter: http://www.imu-institut.de/stuttgart/tidings/news_article.2013-11-14.9772677807/Papierindustrie%20IMU-Infodienst%202-13.pdf

ELGA – elektronische Gesundheitsakte (2016): Was kann ELGA? Online verfügbar unter: https://www.elga.gv.at/fileadmin/user_upload/Dokumente_PDF_MP4/Infomaterialien/ELGA-Folder_neu.pdf

Emmrich, Volkhard; Döbele, Mathias; Bauernhansl, Thomas, Paulus-Rohmer, Dominik; Schatz, Anja & Weskamp, Markus (2015): Geschäftsmodell-Innovation durch Industrie 4.0. Chancen und Risiken für den Maschinen- und Anlagenbau. Dr. Wieselhuber & Partner und Fraunhofer IPA. Online verfügbar unter: http://www.wieselhuber.de/lib/public/modules/attachments/files/Geschaeftsmodell_Industrie4 0-Studie_Wieselhuber.pdf

Europäische Kommission (2004): Mitteilung der Kommission an den Rat und das Europäische Parlament – Stimulation von Technologien für nachhaltige Entwicklung: Ein Aktionsplan für Umwelttechnologie in der Europäischen Union. KOM/2004/0038endg. Online verfügbar unter: http://eur-lex.europa.eu/LexUriServ/LexUriServ.do?uri=CELEX:52004DC0038:DE:HTML

Evans, Peter, C.; Annunziata, Marco (2012): Industrial Internet: Pushing the Boundaries of Minds and Machines. GE paper. Online verfügbar unter: http://www.ge.com/docs/chapters/Industrial_Internet.pdf

Factory (2015a): Das große Anlagenbau-Ranking 2015. Online verfügbar unter: https://factorynet.at/ranking/anlagenbau

Factory (2015b): Die Top-50-Maschinenbauer 2015, Stand 2014. Online verfügbar unter:

https://factorynet.at/ranking/maschinenbau

Factory (2016): Was hat das Internet of Things mit Klopapier zu tun? Beitrag vom 23.5.16. Online verfügbar unter: https://factorynet.at/a/was-hat-das-internet-of-things-mit-klopapier-zu-tun

Fachverband der Elektro- und Elektronikindustrie (FEEI) (2012): Positionspapier FEEI – Fachverband der Elektro- und Elektronikindustrie und Netzwerkpartner zur Formulierung einer IKT-strategie für Österreich – Informations- und Kommunikationstechnologien als wesentlicher Faktor für die Bewältigung der großen gesellschaftlichen Herausforderungen. Online verfügbar unter: http://www.feei.at/ikt/breitbandausbau/breitbandausbau-feei-positionspapier

Fachverband der Elektro- und Elektronikindustrie (FEEI) (2015a): Die Elektro- und Elektronikindustrie - Eine wichtige Stütze der österreichischen Wirtschaft. http://www.feei.at/die-elektro-und-elektronikindustrie

Fachverband der Elektro- und Elektronikindustrie (FEEI) (2015b): Über den FEEI. Online verfügbar unter: http://www.feei.at/die-elektro-und-elektronikindustrie

Fachverband der Elektro- und Elektronikindustrie (FEEI) (2015c): Innovationspaket für 100 Jahre Zukunft – Erfolgsfaktoren für eine zukunftssichere und wettbewerbsfähige Produktion der Elektro- und Elektronikindustrie am Standort Österreich. Online verfügbar unter: http://www.feei.at/file/363/download?token=_l9qGu5q

Fachverband der Elektro- und Elektronikindustrie (FEEI) (2016): Jahresbericht der österreichischen elektro- und Elektronikindustrie 2015-2016. Online verfügbar unter: http://www.feei.at/ueber-den-feei

Fachverband der Chemischen Industrie Österreich (FCIO) (2016): Branchen - Pharmazeutika. Online verfügbar unter: http://www.fcio.at/Default.aspx?site=fcio.at-DE&menu=Die_Chemische_Industrie#Branchen

FFG (2016). Industrie 4.0: Interessensbekundung Pilotfabriken 2016. Online verfügbar unter: https://www.ffg.at/pilotfabrik2016

Forst Holz Papier (2016): Homepage. Online verfügbar unter: http://www.forstholzpapier.at

Fraunhofer Austria: Sihn, Wilfried; Palm, Daniel; Gommel, Henrik (2013): Chancen und Risiken der österreichischen Fahrzeugindustrie. Die österreichische Fahrzeugindustrie – auf Crashkurs?. Online verfügbar unter: http://www.fraunhofer.at/content/dam/austria/documents/presse/Kurzversion_Studie_%C3%96sterreichische%20Fahrzeugindustrie%20auf%20Crashkurs_onlineversion_20130903.pdf

Frick, Karin; Höchli, Bettina (2014): Die Zukunft der vernetzten Gesellschaft. Neue Spielregeln, neue Spielmacher. Online verfügbaur unter: http://www.gdi.ch/de/Think-Tank/Studien/Die-Zukunft-der-vernetzten-Gesellschaft/611

Gassmann, Oliver; Frankenberger, Karolin; Csik, Michaela (2013): Geschäftsmodelle entwickeln. 55 innovative Konzepte mit dem St. Galler Business Model Navigator. Hanser Verlag, München.

Golem.de (2016): Arke baut farbige Objekte aus Papier, Beitrag vom 7.1.2016. Online verfügbar unter: http://www.golem.de/news/3d-drucker-arke-baut-farbige-objekte-aus-papier-1601-118397.html

Güntner, Georg; Benisch, Michael; Dankl, Andreas; Isopp, Jutta (2015). Roadmap der Instandhaltung 4.0. Online verfügbar unter: http://instandhaltung40.salzburgresearch.at/wp-content/uploads/IH40-Roadmap-final.pdf

Güntner, Georg (2015). Produktion der Zukunft: Herausforderungen für Mensch, Organisation und Technik. Online verfügbar unter: . http://www.salzburgresearch.at/blog/produktion-der-zukunft-herausforderungen-fuer-mensch-organisation-und-technik/

Herba Chemosan Apotheker AG (2016): Im Dienst der Apotheken. Online verfügbar unter: http://www.herba-chemosan.at/de/Unternehmen/Ueber_uns/

IBM (2011): IBM Studie: Die Pharmaindustrie braucht neue Geschäftsmodelle. Online verfügbar unter: https://www-03.ibm.com/press/de/de/pressrelease/35652.wss#release

Industriemagazin (2016): Österreich ist größter Motorenproduzent der Welt (nach Einwohnerzahl). Online verfügbar unter: http://industriemagazin.at/a/oesterreich-ist-groesster-motorenproduzent-der-welt

Infineon Technologies Austria AG (2015): Heute leben, im Morgen denken. Infineon Technologies Austria - Geschäftsjahr 2015. Online verfügbar unter: http://www.infineon.com/export/sites/default/media/regions/at/brochures/IFX_Jahresbroschue re_A4_15.12_ES.pdf

Innovation in Digital Manufacturing (2011): Report from the Workshop on Innovation in Digital Manufacturing, held on 21st and 22nd January 2015 in Brussels, Belgium, organised by DG CONNECT (Communications Networks, Content and Technology Directorate-General) A3 and the European Factories of the Future Research Association (EFFRA).

Jahn, Myriam (2016): Ein Weg zu Industrie 4.0 – Geschäftsmodell für Produktion und After Sales. De Gruyter. Oldenburg.

Levy, Joel (2015): Seven Pharma Trends for 2016. Pharmafile. Online verfügbar unter: http://www.pharmafile.com/news/502014/seven-pharma-trends-2016

Management Engineers GmbH & Co KG; INSEAD (2010): Fit for Future? Die Pharmaindustrie in Europa – Trends und strategische Optionen. Online verfügbar unter: https://files.vogel.de/vogelonline/vogelonline/files/3547.pdf

McKinsey & Company; Cattell, Jamie; Chilukuri, Sastry; Levy, Michael (2013): How Big Data can revolutionize pharmaceutical R&D?. Online verfügbar unter: http://www.mckinsey.com/industries/pharmaceuticals-and-medical-products/our-insights/how-big-data-can-revolutionize-pharmaceutical-r-and-d

McKinsey Global Institute (2015): The Internet of Things – Mapping the Value beyond the hype. Online verfügbar unter: https://www.mckinsey.de/files/unlocking_the_potential_of_the_internet_of_things_full_report .pdf

Mechatronik Cluster (2014): MC-report. Ausgabe 3/2014. Online verfügbar unter: http://www.mechatronik-cluster.at/fileadmin/user_upload/Cluster/MC/MC-Downloads/MC-aktuell_3_2014_Einzelseiten.pdf

Mechatronik Cluster (2015): MC-report. Ausgabe 2/2015. Online verfügbar unter: http://www.mechatronik-cluster.at/fileadmin/user_upload/Cluster/MC/MC-Downloads/MC-aktuell_2_2015_end.pdf

Mechatronik Cluster (2016a): MC-report. Ausgabe 1/2016. Online verfügbar unter: http://www.mechatronik-cluster.at/fileadmin/user_upload/Cluster/MC/MC-Downloads/MC-report_1_2016_END.pdf

Mechatronik Cluster (2016b): Digitale Fabrik nimmt Forschungstätigkeit auf. Meldung vom 28.4.16. Online verfügbar unter: http://www.mechatronik-cluster.at/partnerunternehmen-im-mc/unser-nachrichtenportal-ihre-medienpraesenz/detail/news/digitale-fabrik-nimmt-forschungstaetigkeit-auf/

Mesko, Bertalan (2016): 6 Surprising Trends Shaping the Future of Pharma. Online verfügbar unter: http://medicalfuturist.com/2016/04/26/6-surprising-trends-shaping-the-future-of-pharma/

Morgan Stanley (2014): The 'Internet of Things' Is Now. Connecting the Real Economy. Morgan Stanley Blue Paper, 3. April 2014 . Online verfügbar unter: http://www.morganstanley.com/articles/internet-of-things-opportunities-for-investors

McKinsey Global Institute (2015): The Internet of Things: Mapping the value beyond the hype. Online verfügbar unter: http://www.mckinsey.com/~/media/McKinsey/Business%20Functions/Business%20Technolo

gy/Our%20Insights/The%20Internet%20of%20Things%20The%20value%20of%20digitizing
%20the%20physical%20world/Unlocking_the_potential_of_the_Internet_of_Things_Executi
ve_summary.ashx.

OECD (2015). OECD Economic Surveys: Austria 2015. Online verfügbar unter:
http://www.oecd.org/berlin/publikationen/economic-survey-austria-2015.htm

Österreichische Apothekerkammer (2016a): Apotheke in Zahlen – 2016. Online verfügbar unter:
http://www.apotheker.or.at/Internet/OEAK/downlink.nsf/00018521FE60E02FC1257F6F0029
2D8C/$file/ApothekeinZahlen.pdf

Österreichische Apothekerkammer (2016b): Nachahmerpräparate (Biosimilars, Follow-on-
Biologicals). Online verfügbar unter:
http://www.apotheker.or.at/internet/oeak/NewsPresse.nsf/ca4d14672a08756bc125697d004f88
41/d7aead4eefcde07bc12573a000574711?OpenDocument

Osterwalder, Alexander; Yves Pigneur (2011): Business Model Generation. Ein Handbuch für
Visionäre, Spielveränderer und Herausforderer. Campus Verlag.

Packowski, Josef (Hrsg.); Baumeier, Henrik; Feenstra, Bouke; Otto, Boris; Ofner, Martin (2012):
Strategisches Stammdatenmanagement – Voraussetzung für agile und effiziente
Geschäftsprozesse. Studienergebnisse. Insitut für Wirtschaftsinformatik Universität St.Gallen
& Camelot Management Consultants. Online verfügbar unter: http://www.chemanager-
online.com/file/track/18652/1.

Packowski, Josef (Hrsg.); Gmür, Andreas; Holland, Peter (2015): Serving Connected Patients and
Health Consumers: The Life Siences Industry Will Have to Reinvent Itself. Pharma
Management Radar – Focus Topic: The Internet of Things. Camelot Management Consultants.
Issue.   2/2015.   Online   verfügbar   unter: http://www.camelot-
mc.com/de/?post_type=study&p=608

Parton, Els; Gyselinckx, Bert (2009): Schutzengel der Zukunft überwachen Patienten –
Medizintechnik Sensoren. Sensor Magazin. Vol. 4.2009. S. 10-12. Online verfügbar unter:
http://www.sensormagazin.de/dateien/smonline/redaktion/fachartikel/fachartikel1_sm4_09.pd
f

Pharmafile (2015): Seven pharma trends for 2016. Online verfügbar unter:
http://www.pharmafile.com/news/502014/seven-pharma-trends-2016

PharmaWiki (2016): Generika. Online verfügbar unter:
http://www.pharmawiki.ch/wiki/index.php?wiki=Generika

Pharmig – Verband der pharmazeutischen Industrie Österreich (2015): Daten und Fakten kompakt
2015 – Arzneimittel und Gesundheitswesen in Österreich. Online verfügbar unter:
http://www.pharmig.at/DE/Publikationen/Daten%20%20Fakten/2015/Daten+und+Fakten+20
15.aspx

Pharmig – Verband der pharmazeutischen Industrie Österreich (2016): Daten und Fakten 2016 –
Arzneimittel und Gesundheitswesen in Österreich. Online verfügbar unter:
http://www.pharmig.at/DE/Publikationen/Daten%20%20Fakten/2016/Daten++Fakten+2016.a
spx

Pölzl, Friedrich (2014): Von den Besten lernen: Internationalisierung und Ausbau einer
Maschinenbau-KMU auf Basis der Erfolgsstrategien vergleichbarer Unternehmen, Hochschule
Mittweida, Diplomarbeit im Fach Wirtschaftsingenieurwesen, Online verfügbar unter:
http://hsmw.bsz-bw.de/frontdoor/index/index/docId/4340

Produktion (2016): Wohin 2016 die Reise des Maschinenbaus geht. Beitrag von Gunnar Knüpffer
am 13. Januar 2016 in „Produktion. Technik und Wirtschaft für die deutsche Industrie", Online
verfügbar   unter:
http://www.produktion.de/nachrichten/konjunktur/wohin-2016-die-reise-fuer-den-deutschen-
maschinenbau-geht-213.html

Quest Trendmagazin (2016). Das Feedback der Maschinenbauer zu Engineering und Industrie 4.0,

Online   verfügbar   unter:
http://www.quest-trendmagazin.de/industrie-40/feedback-zu-industrie-40/engineering-und-
industrie-40-im-maschinenbau-2014.html

Report of the MIT Taskforce on Innovation and Production (2013): Massachusetts Institute of
Technology. Online verfügbar unter: http://web.mit.edu/pie/news/PIE_Preview.pdf

Roland Berger (2014). Anlagen- und Maschinenbau: großes Potenzial im Dienstleistungsgeschäft
– innovative Services sind gefragt (Pressemitteilung). Online verfügbar unter:
http://www.rolandberger.de/expertise/branchenexpertise/engineered_products_high_tech/Pote
nzial_fuer_Servicebereich_im_Maschinenbau.html

Russer, Peter; Lugli, Paolo; Weitze, Marc-Denis (Hrsg.) (2014): Nanoelektronik: Kleiner-
schneller-besser. Springer-Verlag, Wiesbaden.

Sandoz GmbH (2016): Sandoz Österreich – Vom Penicillin zu Biosimilars. Online verfügbar unter:
http://www.sandoz.at/ubersandoz/sandozosterreich/index.shtml

Schallmo, Daniel R.A. (2014): Kompendium Geschäftsmodell-Innovation. Grundlagen, aktuelle
Ansätze und Fallbeispiele zur erfolgreichen Geschäftsmodell-Innovation. Springer/Gabler,
Wiesbaden.

Schlott, Stefan (2014): Kärrnerarbeit. Ampere – das Magazin der Elektroindustrie. Vol. 3.2014.
38-39. Online verfügbar unter: http://www.zvei.org/Verband/Publikationen/Seiten/Ampere-3-
2014.aspx

SPIEGEL (2006): Briten empört: 500.000 Mülltonnen heimlich verwanzt. Beitrag vom 27.8.2006.
Online   verfügbar   unter: http://www.spiegel.de/netzwelt/tech/briten-empoert-500-000-
muelltonnen-heimlich-verwanzt-a-433800.html

Schwemmle, Michael; Wedde, Peter (2012): Digitale Arbeit in Deutschland. Potenziale und
Problemlagen. Friedrich Ebert Stiftung, Medienpolitik. Online verfügbar unter:
http://library.fes.de/pdf-files/akademie/09324.pdf

Siemens (2015): Zahlen, Daten, Fakten – Siemens in Zahlen. Online verfügbar unter:
https://w5.siemens.com/web/at/de/corporate/portal/Presse/ZahlenDatenFakten/Pages/ZahlenD
atenFakten.aspx

Siemens (2016): Papierbranche Definiert sich neu – Digitalisierung in der Papierindustrie. Online
verfügbar   unter:
https://www.siemens.com/customer-magazine/de/home/industrie/das-digitale-
unternehmen/papierbranche-definiert-sich-neu.html

Slama, Dirk; Puhlmann, Frank; Morrish, Jim; Bhatnagar, Rishi, M. (2015): Enterprise IoT:
Strategies and Best Practices for Connected Products and Services. Sebastopol, USA: O'Reilly
Media.

Spath, Dieter; Ganschar, Oliver; Gerlach, Stefan; Hämmerle, Moritz; Krause, Tobias & Schlund,
Sebastian (2013). Produktionsarbeit der Zukunft – Indusrie 4.0. Fraunhofer IAO. Online
verfügbar unter:
http://www.produktionsarbeit.de/content/dam/produktionsarbeit/de/documents/Fraunhofer-
IAO-Studie_Produktionsarbeit_der_Zukunft-Industrie_4_0.pdf

SportsEconAustria: Helmenstein, Christian (2012): Die wirtschaftliche Bedeutung von Sport in
Österreich und in der EU. Präsentation am Sport & Gemeinde Dialog in Baden am 18.4.2012.

Statistik Austria (2011/2012): Leistungs- und Strukturstatistik 2011 bzw. 2012. Online verfügbar
unter:
https://www.statistik.at/web_de/services/wirtschaftsatlas_oesterreich/industrie/index.html

Statistik   Austria   (2012):   Wirtschaftsatlas   Österreich.   Online   verfügbar   unter:
https://www.statistik.at/web_de/services/wirtschaftsatlas_oesterreich/handel/index.html

Statistik Austria (2013): Zahl der Betriebe und Betriebserlöse pro Betrieb ausgewählter Branchen
(ÖNACE 2008) im Bundesländervergleich 2013. Online verfügbar unter: http://www.statistik-
austria.at/wcm/idc/idcplg?IdcService=GET_PDF_FILE&Revision

SelectionMethod=LatestReleased&dDocName=024368

Statistik Austria (2015): Leistungs- und Strukturstatistik ab 2008 – Unternehmen. Online verfügbar unter: http://statcube.at/statistik.at/ext/statcube/jsf/tableView/tableView.xhtml

Statistik Austria (2016): Leistungs- und Strukturstatistik ab 2008 – Unternehmensdaten – Herstellung von pharmazeutischen Erzeugnissen. Online verfügbar unter: http://statcube.at/statistik.at/ext/statcube/jsf/tableView/tableView.xhtml#

Surwald, Thomas (2015): Internet der Dinge führt zu mehr Energieeffizienz in Gebäuden. Business Expert Circle – Computerwoche. Online verfügbar unter: http://www.computerwoche.de/a/internet-der-dinge-fuehrt-zu-mehr-energieeffizienz-in-gebaeuden,3099466

Telgheder, Maike (2015): Handelsblatt: Pharma verschläft die Digitalisierung. Online verfügbar unter: http://www.handelsblatt.com/unternehmen/industrie/exklusiv-studie-pharma-verschlaeft-die-digitalisierung/12413410.html

Trend (2016): Trend.Top 500 – Die erfolgreichsten Unternehmen Österreichs http://www.trendtop500.at/unternehmen/infineon-technologies-austria-ag/nettoumsatz/ (02.06.2016) sowie http://www.trendtop500.at/unternehmen/?branche=elektron

Verband der Elektrotechnik, Elektronik, Informationstechnik (VDE) (2011): VDE: Schneller Ausbau der Breitbandnetze ist Schlüssel zu Zukunftsmärkten. Online verfügbar unter: http://www.vde.com/de/Verband/Pressecenter/Pressemeldungen/Fach-und-Wirtschaftspresse/2011/Seiten/2011-16.aspx

Verband der Elektrotechnik, Elektronik, Informationstechnik (VDE) (2014): VDE fordert massive Stärkung der Mikroelektronik in Deutschland für Industrie 4.0. Online verfügbar unter: http://www.vde.com/de/Verband/Pressecenter/Pressemeldungen/Fach-und-..Wirtschaftspresse/2014/Seiten/56-2014.aspx

Verband der Elektrotechnik, Elektronik, Informationstechnik (VDE) (2016): https://www.vde.com/de/Verband/Pressecenter/Pressemeldungen/Fach-und-Wirtschaftspresse/2016/Seiten/20-2016.aspx

VDI-Nachrichten (2011): Industrie 4.0: Mit dem Internet der Dinge auf dem Weg zur 4. Industriellen Revolution, Nr. 13-2011 Seite 2, Online verfügbar unter: https://pdfs.semanticscholar.org/5fbc/8571686c74516b4da38f6780c30fb31da2f0.pdf

VDMA (2013): Der Maschinenbau ist sein wichtigster Kunde, VDMA, Online verfügbar unter: https://www.vdma.org/documents/105628/805395/Input-Output_201305.pdf/96f907f5-5cf8-4c87-b960-d71e7025295d

vfa (Die forschenden Pharma-Unternehmen (2016): So entsteht ein neues Medikament – in Labors und Kliniken – Wie ein neues Medikament entsteht. Online verfügbar unter: http://www.vfa.de/de/arzneimittel-forschung/so-funktioniert-pharmaforschung/so-entsteht-ein-medikament.html

Walch, Christian (2015): Industrie 4.0 verändert das Stammdatenmanagement – Das Beispiel Pharmaindustrie. Computerwoche von IDG. Online verfügbar unter: http://www.computerwoche.de/a/das-beispiel-pharmaindustrie,3215341

Wartenberg, Frank (2015): imshealth: Trends in der Pharmaindustrie – Daten, Technologie und Patientenversorgung. Online verfügbar unter: http://de.slideshare.net/IMSHealthDE/trends-in-der-pharmaindustrie

Wikipedia (2016): RFID. Online verfügbar unter: https://de.wikipedia.org/wiki/RFID

Winkler, Herwig & Obmann, Gottfried (2015): Defizite im Lieferantenmanagement als Bremser der Innovationskraft – untersucht am Beispiel der österreichischen Papierindustrie. In: Mieke, Christian (Hrsg.), Innovations- und Beschaffungsmanagement, Berlin: Logos Verlag Berlin, S. 31-52.

Wirtschaftskammer Österreich (2014): Papierindustrie: Absatzmenge im ersten Halbjahr 2014 gestiegen, Umsatz gesunken. Beitrag vom 4.8.2014. Online verfügbar unter:

https://www.wko.at/Content.Node/iv/presse/wkoe_presse/presseaussendungen/pwk_524_14_
Papierindustrie__Absatzmenge_im_ersten_Halbjahr_.html

Wirtschaftskammer Österreich (WKO) (2016): Elektro- und Elektronikindustrie: Branchendaten. Stabsabteilung Statistik. 05/16. Online verfügbar unter: http://wko.at/statistik/BranchenFV/B_218.pdf

Wirtz, Bernd W. (2013): Business Model Management: Design – Instrumente – Erfolgsfaktoren. Springer/Gabler, Wiesbaden.

Wolf, Günter; UniCreditBank Austria AG (Hrsg.) (2013): Bank Austria Branchenbericht – Chemische Industrie und Pharamindustrie. Online verfügbar unter: https://www.bankaustria.at/files/Chemie_und_Pharma.pdf

Wolf, Günter; UniCreditBank Austria AG (Hrsg.) (2014): Bank Austria Branchenbericht – Elektroindustrie (mit Teilberichten: Informations- und Kommunikationstechnologie; Elektrische Ausrüstungen). Online verfügbar unter: https://www.bankaustria.at/files/Elektroindustrie.pdf

Zumtobel (2016): Bereich: Unternehmen Online verfügbar unter: http://www.zumtobel.com/at-de/unternehmen.html#1628

Zvei (2016): Smarter Living – Morgen ist heute. Ampere – Das Magazin der Elektroindustrie. Vol. 2.2016. Online verfügbar unter: http://www.zvei.org/Verband/Publikationen/Seiten/AMPERE-2-2016.aspx

3Druck.com (2012): 3D-Druck aus Holz: Neues Holz-Filament druckt inklusive Maserung (Update), Beitrag vom 18.9.2012. Online verfügbar unter: https://3druck.com/nachrichten/neues-holz-filament-druckt-inklusive-maserung-325889/

DIE REIHE „INNOVATIONLAB ARBEITSBERICHTE"

In der Reihe „InnovationLab Arbeitsberichte", herausgegeben vom Forschungsbereich InnovationLab der Salzburg Research Forschungsgesellschaft mbH sind bisher folgende drei Bände erschienen:

 Band 1 (April 2015)
Europäische Kulturstraßen und Naturwege 2.0: Vermittlung von kulturellem Erbe mit mobilen Informations- – und Kommunikationstechnologien am Beispiel des Weitwanderweges „SalzAlpenSteig"
(Veronika Hornung-Prähauser und Diana Wieden-Bischof)

ISBN 978-3-734786-88-4

 Band 2 (März 2016)

Geschäftsmodelle für AAL-Lösungen entwickeln
durch systematische Einbeziehung der Anspruchsgruppen
(Veronika Hornung-Prähauser, Hannes Selhofer
und Diana Wieden-Bischof)

ISBN 978-3-739239-30-9

 Band 3 (April 2016)

Das Potential verfügbarer Daten für Forschung und Entwicklung
von Active and Assisted Living bzw.
Ambient Assisted Living (AAL)
(Sandra Schön, Cornelia Schneider, Diana Wieden-Bischof und Viktoria Willner)

ISBN 978-373-9-239-28-6

 Band 4 (September 2017)

Geschäftsmodellinnovationen durch Industrie 4.0 – Wie sich Geschäftsmodelle im Industrial Internet verändern
(Markus Lassnig, Petra Stabauer, Hannes Selhofer)

ISBN 978-3-744872-67-6

 Band 5 (September 2017)

Transformation verschiedener Wirtschaftssektoren durch Industrie 4.0 – Wie sich ausgewählte Branchenprofile im Industrial Internet verändern
(Markus Lassnig, Sandra Schön, Petra Stabauer, Hannes Selhofer)

ISBN 978-3-744872-69-0

www.ingramcontent.com/pod-product-compliance
Lightning Source LLC
LaVergne TN
LVHW080105070326
832902LV00014B/2429